区域经济发展转型研究

李昕桐 ◎ 著

中国书籍出版社
China Book Press

图书在版编目（CIP）数据

区域经济发展转型研究 / 李昕桐著. -- 北京：中国书籍出版社，2024.2

ISBN 978-7-5068-9802-7

Ⅰ.①区… Ⅱ.①李… Ⅲ.①区域经济发展—经济发展战略—研究—中国 Ⅳ.① F127

中国国家版本馆 CIP 数据核字 (2024) 第 045407 号

区域经济发展转型研究

李昕桐　著

图书策划	成晓春
责任编辑	李　新
封面设计	博健文化
责任印制	孙马飞　马　芝
出版发行	中国书籍出版社
地　　址	北京市丰台区三路居路 97 号（邮编：100073）
电　　话	（010）52257143（总编室）（010）52257140（发行部）
电子邮箱	eo@chinabp.com.cn
经　　销	全国新华书店
印　　刷	天津和萱印刷有限公司
开　　本	710 毫米 ×1000 毫米　1/16
字　　数	200 千字
印　　张	11.75
版　　次	2024 年 5 月第 1 版
印　　次	2024 年 5 月第 1 次印刷
书　　号	ISBN 978-7-5068-9802-7
定　　价	72.00 元

版权所有　翻印必究

前 言

在全球经济长期波动和我国经济不断发展的背景下，区域经济转型已然成为推动我国经济发展的重要途径之一。区域经济转型是指一个地区在经济发展过程中，根据当前国内外经济形势和自身特点，对经济结构和发展战略进行调整和升级。这一转型过程不仅涉及我国经济发展的方向和目标，更与全球经济体系的演变和我国内部经济发展的阶段性特征紧密相关。

从全球经济环境来看，近年来，全球经济正在经历深刻的变化。一方面，全球贸易保护主义的抬头给区域经济发展带来了挑战。随着全球化的深入发展，各国为了保护本国产业和促进就业，纷纷采取了贸易保护主义政策，使得全球市场竞争和合作环境日趋复杂。另一方面，全球经济增速放缓，主要发达经济体经济增长乏力，这也给全球贸易和投资带来了负面影响。在这种背景下，我国需要通过区域经济转型来推动经济发展，以应对全球经济形势的不利影响。

同时，从我国经济发展的角度看，我国经济发展已经进入新常态。过去的高增长阶段已经过去，取而代之的是高质量、高效益的发展。这种发展方式的转变不仅要求我们调整经济结构，更需要转变发展理念和方式。区域经济转型是实现这一目标的重要手段，它可以帮助我们更好地适应国内外经济环境的变化，提升我国经济的整体竞争力。

为了推动我国经济的发展，区域经济转型需要更加注重创新驱动、绿色发展和质量效益。这意味着我们需要培育和发展新的产业，提高科技创新能力，推进环保和可持续发展，以实现经济高质量发展。同时，区域经济转型还需要更加注重区域协调发展。各地区应加强合作和联动，实现资源的优化配置和产业的合理布局，以促进区域经济的协同发展。

本书分为六章，第一章为区域经济发展概述，包含区域经济的概念及内涵、区域经济的构成要素及特征、区域经济发展的一般过程和发展阶段、中国区域经济的发展趋势及特征四节内容。第二章综合经济学和地理学关于区域经济发展的理论思考，提出分析区域经济发展转型的环境条件和要素基础，即"要素—环境"分析框架。其中，环境包括自然环境与地理条件、社会文化与历史传统、全球化作用以及政策环境，要素基础包括资本要素、技术要素、人力资本和制度要素。第三章为区域经济发展模式转型，分为区域经济发展模式内涵与标准、区域经济发展模式类型划分、中国区域经济发展转型的模式三节，详细介绍了区域经济发展的创新、协调、绿色、开放、共享的发展理念与模式。第四章为区域经济发展战略转型，包含区域经济发展战略的含义和特征、区域经济发展的理论基础和战略模式以及中国区域经济发展转型的战略三节内容。第五章为区域经济发展转型的改革与实践探索，分为区域经济发展转型的改革与区域经济发展转型的实践探索两节，具体阐述了我国区域经济发展转型的改革方向和部分区域的发展模式及路径等内容。第六章为中国特色区域经济发展转型与展望，分为中国区域经济发展转型亮点与特色、中国区域经济发展转型的趋势展望两节，详细阐述了中国特色区域经济发展转型过程中呈现的亮点与挑战，并对我国未来区域经济发展作出展望。

  在撰写本书的过程中，作者参考了大量的学术文献，得到了许多专家学者的帮助，在此表示真诚感谢。本书内容系统全面，论述条理清晰、深入浅出，但由于作者水平有限，书中难免有疏漏之处，希望广大同行及时指正。

作者

2023 年 8 月

目 录

第一章 区域经济发展概述 ... 1
第一节 区域经济的概念及内涵 ... 1
第二节 区域经济的构成要素及特征 ... 3
第三节 区域经济发展的一般过程和发展阶段 ... 6
第四节 中国区域经济的发展趋势及特征 ... 8

第二章 区域经济发展转型理论分析 ... 11
第一节 区域经济发展转型理论基础 ... 11
第二节 区域经济发展转型的动力因素 ... 37

第三章 区域经济发展模式转型 ... 44
第一节 区域经济发展模式内涵与标准 ... 44
第二节 区域经济发展模式类型划分 ... 54
第三节 中国区域经济发展转型的模式 ... 68

第四章 区域经济发展战略转型 ... 100
第一节 区域经济发展战略的含义和特征 ... 100
第二节 区域经济发展的理论基础和战略模式 ... 104
第三节 中国区域经济发展转型的战略 ... 109

第五章　区域经济发展转型的改革与实践探索 122
第一节　区域经济发展转型的改革 122
第二节　区域经济发展转型的实践探索 132

第六章　中国特色区域经济发展转型与展望 148
第一节　中国区域经济发展转型亮点与特色 148
第二节　中国区域经济发展转型的趋势展望 172

参考文献 178

第一章 区域经济发展概述

本章为区域经济发展概述，包含区域经济的概念及内涵、区域经济的构成要素及特征、区域经济发展的一般过程和发展阶段、中国区域经济的发展趋势及特征四节内容。

第一节 区域经济的概念及内涵

一、区域的概念及其内涵

（一）区域概念的界定

不同的学科对区域的含义有着不同的解释。地理学把区域定义为地球表壳的地域单元，这是按地球表面自然地理特征划分的，并且具有可重叠性和不遗漏性；政治学将区域看作是国家管理的行政单元，并且具有可量性和层次性；社会学视区域为具有相同语言、相同信仰和民族特征的人类社会聚落，按语言、信仰、民族等特征来划分。经济学中关于区域的概念没有统一的定义，具有代表性的说法有如下几种：

第一，所谓区域，应该是这样的一种经济区域，即它是人的经济活动所造就的、具有特定的地域构成要素的不可无限分割的经济社会综合体。

第二，经济学的区域概念就是区域经济学的区域概念，它在地理学和政治学关于区域概念的基础上，还要考虑某个地域空间的人口、经济、资源、环境、公共设施和行政管理等特点，是居民高度认同、地域完整、功能明确、内聚力强大的经济地域单元。

(二)区域概念的基本内涵

第一,区域是一个空间的概念,并且这个空间概念代表的是有限的空间范围。从历史的角度来看,人类所具有的一切经济活动,无论它已经发展到何种阶段,无论人类从事的是物质形式的生产还是非物质形式的信息生产,最终都要落实在一定的区域空间,从从事各种经济活动空间的角度而言,不同的只是它们坐落的方式和坐落的地点。因此,从空间角度研究经济现象,正是区域经济学区别于其他经济学学科的根本所在。

第二,区域必须包括于某一主权国家的疆域内(有时可能相等),中央政府对它拥有政治和经济方面的控制权,各级政府为该地区经济发展提供公共产品,通过各种经济政策来引导该区域的经济活动。正因为这样,区域间会存在政策上的差异性,而在区域内又具有政策上的一致性。

第三,区域在经济上尽可能是一个完整的地区。这种完整,是指区域能够独立生存和发展,具有完整的经济结构,能够独立地组织与其他区域的经济联系。为此,区域不但要有三次产业组成的经济循环系统,还应当有一个能够组织和协调区域经济活动的中心城市存在,中心城市可以作为区域经济的核心。

第四,任一区域在全国或更高级的区域系统中担当某种专业化分工的职能。不同地区资源禀赋不同,发展水平也有差异。区际之间的分工与专业化,会通过区内分工的同质性与区间分工的差异性表现出来。这样,不同区域间以分工与专业化为基础形成密切经济联系,就构成了一国的国民经济体系。[1]

二、区域经济的基本内涵

区域是一个特定的地域空间概念,具有特定的地理空间范围,可以泛指大到整个地球或几个国家形成的地域,小至一个特定的地域范围,比如一个县、乡、村或者一个工业区、开发区等。一些学科从不同的角度对区域特点进行了一些不同的描述,如地理学认为,区域是地球表面的地域单元;行政学认为,区域是国家管理的行政单元等。有学者认为,区域具有地域性、内在整体性、区域界限的客观性与模糊性、综合性和开放性等特征。

---

[1] 丁生喜.区域经济学通论[M].北京:中国经济出版社,2018.

区域经济是指在一定区域范围内进行的各种经济活动的总和，区域经济强调的是产业结构的合理性和空间布局的优化。由于区域经济具有自然条件的差异性、经济活动的不完全可分性和空间距离的不可灭性，形成了区域经济存在和发展的客观基础。

经济区域与行政区域是具有不同内涵的两个区域概念，两者既有同一性，又有矛盾性，但都能对区域的发展产生重大影响。行政区域是一个国家为进行分级管理而划分的区域，是在长期的历史过程中形成和延续下来的，具有特定的行政管辖范围、行政区域级别和行政区域中心等，与其政府管理级别相对应的政治、经济、社会综合体。

经济区域作为区域经济的地域空间载体，需要具备三大构成要素：经济中心、经济腹地、经济网络。经济中心主要是区域性中心城市，它具有层次性、选择性和等级性特征，而并非地理几何中心。经济腹地是经济区域赖以存在的基础，是区域经济地域运动格局的"底盘"，它承载着内在相关的经济活动，这些活动有一个特点，它们都朝着共同的经济中心发展。经济网络是维系经济中心和经济腹地之间联系的渠道，它可以是实体的、也可以是非实体的。经济中心通过经济网络向周围的经济腹地产生辐射效应，同时周围的经济腹地也向经济中心产生聚集效应。区域经济的增长是由于能量辐射和能量聚集的推动所致。

第二节 区域经济的构成要素及特征

一、区域经济的构成要素

（一）经济区域

经济区域与其他区域的主要区别在于其具有三个关键构成因素：经济中心、经济腹地、经济网络。这三个要素对于任何类型的经济区域都是不可或缺的。

1. 经济中心

经济中心是经济区域的三个主要组成要素的关键，其形成标志着一个区域已经从一般的自然区或行政区转变为具有发展经济能力的经济区域。在市场经济的条件下，城市作为区域经济的中心，是区域经济空间聚集运动的必然结果。经济中心的分布具有多维度性，不同的地域范围内城市的吸引力和辐射力存在差异，因此形成了多级别、多层次的经济中心体系。区域经济活动的重心并不一定位于该区域的几何中心，而是以经济中心为核心。

2. 经济腹地

经济腹地是构成经济区域的基本要素。若没有经济腹地，经济中心的影响和覆盖范围就无法存在，因此区域经济也将无从谈起。经济腹地与经济中心相辅相成，共同促进了区域经济的发展。

3. 经济网络

经济网络是一个广义的术语，它不仅阐述了经济发展的地域关系，还涵盖了这种联系的各种支撑条件。经济网络是经济联系的一种渠道，它由交通运输网络和邮电通信网络等物质所组成。经济网络可以被看作是各种经济联系的系统，其基本组成部分是经济中心和经济腹地之间有序的经济和信息互动。经济网络可以指代经济活动中各方之间建立的相互联系和合作的结构组织。这种组织的基础是由经济中心和经济腹地内部相互联系的产业结构，同时还需要相应的市场联系和技术推广支持等。

（二）经济活动的组织与结构

经济活动的组织和结构对于实现高效管理和促进区域经济发展具有重要意义。经济活动包括生产、分配、交换和消费等多个环节，这些环节需要相互协调、高效运作才能实现区域经济的稳定和持续发展。合理的经济活动组织和结构可以有效地提高生产效率、降低成本、增加产出，从而促进区域经济的增长和提升。同时，关注产业链上下游之间的衔接与合作，促进不同产业经济活动的集聚和协同发展，可以进一步实现资源共享、优势互补和协同发展，提升区域经济的整体竞争力。

二、区域经济的特征

区域经济是特定区域的经济活动和经济关系的总和。如果我们把全国的国民经济看作是一个整体，那么区域经济就是这个整体的一部分，是国民经济整体不断分解的结果。我们把国家宏观经济管理职能下按照地域范围划分的经济实体及其运行，都看作是区域经济的运行。区域经济具有五大鲜明的特征。[①]

（一）中观性

区域经济具有中间性、非均衡性，既不是完全宏观经济（国民经济），也不是完全微观经济（企业经济），而是介于两者之间的中观性经济系统，因此具有自身独特的特点和表现形式。

（二）区域性

无论是农业、工业还是服务业的发展，任何国家的经济发展都必须针对特定地区进行规划，并考虑该地区的自然环境和社会经济条件对经济发展的影响。由于各个区域具有各自特点和客观条件，因此区域经济呈现出显著的区域性特征。区域性是区域经济最根本、最突出的特点。

（三）差异性

各地具备经济发展的条件（地理位置、自然资源和社会经济）存在差异，这种差异性表明了各地的经济优势和劣势，也是导致地区经济发展不平衡的重要原因。

（四）开放性

从一方面来说，相较于国家的经济发展，区域经济通常在社会制度、经济体制、经济运行规则以及货币制度等方面十分统一，不存在国家之间的关税、进口配额和移民限制这些人为障碍，因此具有更高的开放度。但从另一方面，区域经济强调对每个地区所拥有的各种经济要素以及程度上的差异进行充分认可并加以利用，同时注重区域间开放的经济交往。区域经济发挥了增强输出、输入和扩张功能的作用，促进生产要素向更高层次的发展，从而促进不同地区的经济互补和协调发展。

（五）独立性

区域经济是一个相对自主而内部又有着紧密联系的有机系统，区域经济活动

---

① 孙久文. 区域经济学 [M]. 北京：首都经济贸易大学出版社，2017.

具备一定的自我组织特性。虽然任何地区的经济发展策略都需要服从整体国家经济发展策略并为其服务，但同时也应该注重发挥本地区的优势和避免劣势，为促进本区域的社会经济发展和提高居民福利作出努力。

第三节　区域经济发展的一般过程和发展阶段

一、区域经济发展的一般过程

观察世界各国的区域经济发展，可以发现经济的发展不是平稳的，也不是绝对不均衡的。发展存在波折和均衡与非均衡的交织。通常情况下，任何地区的经济发展都呈现出往复循环的趋势。

（一）发达地区与落后地区分化阶段

经济增长点和增长极通常会集中在大中城市、资源集聚地、交通便捷地带或政治文化核心等地。这些区域通常是一个国家或地区的经济、政治和文化中心，其生产力十分先进，对周边地区产生了极大的吸引力和扩散效应。随着增长点（极）的出现，相应的次发达地区甚至落后地区也产生了。区域经济发展的不平衡导致了发达地区和落后地区之间的差距和分裂。

（二）开发大城市或发达地区阶段

区域经济发展可能首先致力于开发大城市或发达地区的潜力，建设具有强大经济实力和凝聚力的增长极，这将对周边地区产生正向影响，带动经济发展。然而，随着城市的发展，难免会面临诸如人口过剩、产业集中、交通拥堵、环境恶化、生活质量下降等问题。为了消除这些问题，需要从优化城市功能布局和产业结构入手，加快推动新兴产业发展和促进产业结构升级，以加强城市扩散效应的影响。

（三）开发落后地区阶段

随着发达地区和落后地区差距的扩大，区域经济发展面临的主要问题由发展不足逐渐演变为结构失衡。这种情况下，二元经济结构的问题也更加明显。这时，在确保发达地区持续高速发展的前提下，需要加快落后地区的开发进程，逐步缩小不同地区之间的发展差距。

因此，区域经济的发展过程是一个循环往复的过程，随着时间的推移，经济增长点或增长极不断涌现，但同时也会带来新的不平衡现象，再经过一轮调整和平衡，开始新的循环，如此不断往复。

二、区域经济发展的基本阶段

区域经济的发展需要经历一个较长的历史过程，通过对不同区域的经济发展进程的观察和研究发现，区域经济的发展阶段与该区域的工业化、城市化发展阶段有着密切的联系，可以说区域经济的发展阶段与工业化、城市化的发展阶段在一定程度上基本一致，分为初级阶段、成长阶段和优化提升阶段。

一般来说，当该区域的经济处于自然经济状态或工业化发展的初级阶段时，由于区域内的经济发展水平低，区域经济中心及经济网络尚未形成，基础设施比较落后，产业发展和人口集聚能力有限，不具备打破行政区划发展区域经济的能力。因此，这一阶段是区域经济发展的初级阶段，主要是以行政区的经济发展为主，特别是在中国的西部地区表现比较明显，如贵州的黔东南、铜仁地区和湖南的湘西地区等。

当该区域进入工业化中期或经济发展的起飞阶段时，区域产业和人口集聚显著加快，城市人口大幅度增加，以区域经济中心为核心及若干区域经济次中心为支撑的区域经济网络基本形成，并对周边区域产生较强的辐射带动作用，区域经济中心的扩展引起经济腹地的不断扩大。应该说此时该区域已进入打破行政区划、加快区域经济发展的成长阶段，这些地区主要为经济较发达的地区，如成渝经济区、长（长沙）株（株洲）潭（湘潭）城市群以及贵州的贵阳城市经济圈等地区。

当该区域进入工业化中后期阶段时，由于区域经济发达，产业和人口聚集程度较高，若干经济中心的不断扩展导致区域性的竞争增强，调整区域经济结构、推进资源整合、优化空间布局、协调区域分工、提高区域发展水平成为发展区域经济的重要手段。可以说这一阶段是区域经济发展的优化提升阶段，主要是通过统筹协调和推进区域经济的一体化发展来提升区域经济的竞争力，如我国的珠江三角洲、长江三角洲、京津冀等东部经济发达地区。

第四节　中国区域经济的发展趋势及特征

一、中国区域经济发展的基本趋势

改革开放以来，中国的区域经济格局发生了重大变化。20世纪八九十年代，中国急切需要在改革开放中加快经济发展，增强综合经济实力和提高国际地位。于是实施了区域经济梯度发展战略，加大了对东部地区经济发展的扶持，使中国东部地区经济得到了快速发展，成为带动中国经济增长的引擎和增长极。同时也拉大了中国东、中、西部地区在经济社会发展上的差距。2000年，全国进入工业化中期，基本实现总体达到小康生活水平，而西部地区还基本处于工业化初期和由基本解决温饱向总体小康迈进的阶段。西部地区人均国内生产总值（GDP）和人均收入水平仅为东部地区的一半左右，西部地区的城镇化水平平均低于东部地区10个百分点以上。

进入21世纪，随着中国工业化和城市化的快速推进，全国的区域经济发展正在发生新的变化，人口和经济活动向城市群和大都市圈加速集聚，涌现出一批以城市群和产业经济带为重点的区域经济增长极，东部沿海地区仍然是拉动全国经济发展的龙头。其中，长江三角洲、珠江三角洲和京津冀三大经济区域的生产总值占全国生产总值的比重达到40%。特别是长江三角洲和珠江三角洲地区，是全国经济发展最具活力、区域辐射带动能力最强的两个区域。与此同时，随着区域经济的发展和对外开放步伐的加快，胶东半岛城市圈、沈（沈阳）大（大连）城市圈、陇海—兰新经济带、京津—呼包银经济带、成渝经济区、北部湾经济区和中国—东盟自由贸易区等经济区域或经济板块已经形成或正在加快形成。

这些年，多个关于区域经济协调发展的规划得以实施，区域发展模式得以成型。其中起到模式建设基础作用的是西部板块、中部板块、东部板块和东北板块，发挥战略引领作用的是京津冀、长江经济带、长三角区域、粤港澳大湾区等重要区域。区域发展战略的深化与落实，优化了我国经济发展结构的空间布局，提高了区域经济发展的质量，增强了区域经济发展的生命力，为稳定我国经济发展提供了有力支撑。

根据相关研究，我国区域经济的发展呈现以下特点或趋势：一是中国进入了城市化快速发展阶段，城市在经济发展中的作用日益突出，大城市圈将成为主导区域经济发展的重要力量。二是地区竞争日益表现为地区城市间的竞争，地区差距在相当长的时期内将会继续存在。三是跨区域经济交流与合作力度将进一步加强，在经济全球化和区域经济一体化不断发展的背景下，我国国内的区域合作正在以不同的规模和形式展开。

我国跨区域经济区体系的建设路径已变得十分明晰，这得益于多项规划的陆续实施。具体而言，不同的区域战略承担着不同的责任。例如，通过疏解北京非首都功能和高水平建设雄安新区，推动京津冀协同发展，三地协同发展创新了一种新型经济发展模式，旨在优化人口密集地区的经济发展。该模式打破了行政界限，实现了跨行政区划要素的有序流动，解决了过去一直难以解决的问题。

长三角地区的一体化将进一步增强该地区的经济集聚能力、区域联系性和政策协同效率。这对推进全国高质量发展和建设现代化经济体系具有十分重要的意义。

粤港澳大湾区发展规划旨在促进内地与香港、澳门的互惠合作，推进经济高效发展，营造可持续发展的超级城市群，促进湾区经济发展，打造外贸平台。

西部陆海新通道总体规划是为了推进陆海双向开放，以及推动西部地区实现高质量发展而制订的重要举措。该计划将加快通道和物流设施的建设，提升运输能力和物流发展的质量效率，深化国际经济贸易合作，促进交通、物流、商贸和产业的深度融合。

长江经济带的建设促进了沿江十一个省份之间的协同发展，通过黄金水道长江连接长三角、长江中游和成渝经济区，充分发挥了各地区的优势。

区域发展战略遵循了区域经济发展的规律，利用了重要地区的规模经济效应、要素集聚效应和知识溢出效应，不仅为区域经济带来了高效率的发展前景，还产生了更广阔的市场空间。在同样的前提下，其他地方可以利用本身具有的优势，培育和发展适合当地资源特点的产业，并取得更好的发展。

二、中国促进区域经济发展特征

中国各地区的经济发展差距逐渐增大，导致不同地区居民的生活水平和政府提供的基本公共服务之间存在明显的差异。当前，中国区域经济发展面临一个重大的挑战，即如何调整发展战略和政策，并以此为引导，实现区域经济的健康协调发展。

国家提出要在西部地区加速推进改革开放，借助国家扶持、自身努力以及区域合作，加强自身的发展实力。在改革开放的进程中，东北地区需要加快产业结构的调整，同时对国有企业进行改革、改组和改造，以达到振兴的目标。中部地区需要利用现有的资源基础，升级产业结构，促进工业和城市化发展，充分发挥跨越东西、发展产业的独特优势，努力崛起。东部地区应优先加强自主创新能力，并率先实现经济结构的升级与转型。同时不断完善社会主义市场经济体制，在发展和改革方面走在前列，以此带动中西部地区的经济繁荣发展。此外，建议增加财政转移支付和财政性投资，以支持革命老区、民族地区和边疆地区实现更快的发展。

围绕发展城市群和以中心城市为龙头的城市经济圈，国家将重点支持长三角、珠三角、京津冀等城市群增强整体竞争力，继续发挥其在区域经济中的带动和辐射作用；支持具备发展城市群条件的区域，并以特大城市和大城市为龙头，加强统筹规划，形成一批新的城市群；发挥中心城市的作用，带动区域经济的发展。

国家通过行政干预和宏观调控对区域经济的发展产生影响，在促进区域经济发展的政策方面，主要实行有差别的区域发展政策，根据不同区域的发展状况，重点给予相关的鼓励政策，加大财政转移支付和财政投资等方面的扶持。重点是健全市场合作、互助、扶持等区域协调互动机制，鼓励打破行政区划，发挥市场配置资源的基础性作用，开展多种形式的区域互助合作，发展多方面的支援和帮扶，增强国家对中西部等经济落后地区的支持。

第二章 区域经济发展转型理论分析

本章节结合经济学和地理学相关理论，提出了通过"要素—环境"分析框架来分析区域经济发展转型的环境条件和要素基础。要实现这一目标，我们需考虑自然地理、社会历史、全球化作用和政策环境等环境条件，同时要考虑资本、技术、人才和制度等要素。

第一节 区域经济发展转型理论基础

一、经济发展理论

对于区域经济发展的研究一般以要素与关系为切入点，即通过探究决定区域经济发展的关键要素，找出各要素间的相互联系，并建立相应的理论框架。无论在哪个地区，经济发展问题永远都是最重要的，为社会经济实现良性发展预设方案。区域经济发展是经济地理学与区域经济学的重要课题。经济发展的内部作用是经济发展理论的关键，区域经济发展过程中的一般规律是区域经济发展理论的主要研究内容。经济发展理论的概括说明，对研究区域经济发展的要素和推动力、划分经济发展的阶段有重要作用。经济发展理论是区域经济发展转型研究的必要前提。

（一）经济发展的一般解释

经济发展会使一国的社会财富和公民福祉有所增益，因此经济发展的理论和规律一直是经济学领域研究的核心问题。经济发展可以从以下四种方面进行解释：经济发展分工论、经济发展要素论、经济发展制度论以及经济发展关系论。

1. 经济发展分工论

英国经济学家亚当·斯密（Adam Smith）最先提出了经济发展分工论。这一理论认为，专业分工是经济发展的基础，因为分工会通过提高工人劳动生产率的方式，使一国财富能够在更大的程度有所增加。在此之后，美国经济学家阿林·杨格（Allyn Abbott Young）的报酬递增和经济进步的学术观点兴起。与此同时，杨小凯和波兰德"劳动分工演进增长"模式的研究成果成功面世。

2. 经济发展要素论

威廉·配第（William Petty），英国古典政治经济学之父，他最先从要素的角度对经济发展动力进行了解释。他认为经济发展的两个关键要素是土地和劳动。根据斯密的观点，经济增长的关键要素包括增加生产性劳动者人数以及资本积累。萨伊（Say）是一位法国经济学家，他提出了生产三要素论，认为经济的发展必须建立在物质生产资料的生产过程基础之上。因此，经济发展的三大要素是土地（包括其他自然资源）、资本以及劳动力。随着经济学的进步，有许多学者认为，除了上述要素之外，经济增长还有其他要素。以美国经济学家金德尔伯格（Kindleberger）的观点为例，组织管理模式、结构变革方向、技术创新作用和经济规模效应都被视作经济发展要素。之后，经济学家将人力和物质资产、科技和制度、基础设施以及自然资源等因素也列为经济发展要素。

3. 经济发展制度论

亚当·斯密认为，每个人在自利基础上积极参与公平竞争，对国家经济发展是至关重要的。"看不见的手"是一个广为人知的概念，它表明市场经济更能有效地提高社会福利，这被证明是一种有效的经济发展理论。完备的市场机制制度在国家的经济发展中发挥着实际作用。健全的法律法规、稳定的通货秩序、充足的人力资本积累、明确的风险分担机制等都是促进经济发展的关键因素。

4. 经济发展关系论

社会经济的发展具有一定的规律性，即随着生产力和生产关系的内部矛盾不断运动，社会生产方式也会相应地发生变革，这对社会经济的发展具有至关重要的影响。社会经济的发展形式取决于社会生产关系的变化，经济发展的关键在于提高社会生产力。现代经济学理论认为，经济的演变不是稳定的而是波动的，不是平衡的而是非平衡的。现代经济的发展建立在对经济关系的协调和对经济矛盾的妥善解决基础之上。从这里可以看出，经济发展是由各种经济关系协调作用而成的，而不是单个或少数要素所致的结果。

综合考虑上述四个方面的理论，我们可以明确区域经济发展的要素。实际上，区域经济的发展转型与本地制度环境和生产要素甚至全球生产要素密切相关。本书侧重于从经济发展的要素、制度和关系及其理论来研究区域经济发展转型。

（二）经济发展内涵的演变

在早期，由于受到"线性阶段模式"的影响，人们认为经济发展就是指经济总量在短时间内迅速增长。经济学家之所以开始关注经济结构的变化，是受到了"结构变动模式"理论的启发，这一现象始于20世纪60年代。据铂金斯等经济学家所述，经济发展由以下三个方面组成：人均国民收入的增长、经济结构的转型，以及本国人民积极参与并分享经济成果。经济学家托达罗（Michael P. Todaro）认为，国家制度、社会结构和社会公平性的变化影响着经济发展，那么这些变化应被归为经济发展的本质内容。熊彼特在他的书中写道："经济发展是指一个设计的经济活动中一切改变或替代传统方式和打破原来平衡状态的内部变革。"[①]

经济发展的内涵随着人们的认知变化而产生变化，人们对经济发展的深入理解丰富了它的内涵。尽管经济学家在关于经济发展的认知上有不同之处，但是，有三点永远是不变的：首先，经济持续增长是至关重要的；其次，经济增长必须是独立的，而不能依赖其他因素；最后，实现现代化的经济体制以及培养人们的价值观是必要的。也就是说，经济发展的质量提升比速度增长更为重要。目前，学界普遍认为，经济发展不仅是严格意义上的经济现象，还包括经济结构调整、长期稳定的实际收入增长以及社会政治制度的转变等方面的内容。

近些年来，生态经济和低碳经济的相关理论逐渐被经济学学术界广泛接受，从而重新界定了经济发展的内涵。传统经济学家将经济增长定义为实际GDP或人均GDP的年度增加，而生态经济学家认为这种定义忽略了经济活动对环境的不良影响。生态经济学家强调原材料和能源的消耗对经济和环境之间的关系产生了重要影响，而这一点是新古典主义经济学家的研究中并未提到的。杰奥尔杰斯库-勒根提出了热力学第二定律可以被运用于经济学的创新性观点。他为经济运行过程赋予了物理性特征，意味着其中能量守恒。能量在经济运行的过程中，有

[①] [美]约瑟夫·熊彼特著；何畏，易家祥等译. 经济发展理论 [M]. 北京：商务印书馆，2020.

用功必然有所损耗。如果经济在一个封闭系统中运行且没有外部能量注入，那么系统中的无序度（熵）会增加。这为生物、城市、国家各个系统的结构支撑和合理运作离不开新能源提供了必要解释。经济增长对使用化石燃料具有依赖性，大量使用化石燃料以至寻找替代能源，这就是热力学第二定律运用于经济发展的表现，也为其提供了理论支持。在将现代经济增长理论应用于环境问题时，全球变暖和资源消耗是两个需要特别关注的焦点问题。据生态经济学家戴利等人的观点，尽管在通常情况下，GDP可以用以衡量经济体规模的大小，，但它只能衡量经济产值的高低，而未能考虑到经济增长所产生的环境方面影响。经济增长除了与GDP的增长密切相关，还与原材料和能源的开采与使用量有关，因此仅仅以GDP在增长来衡量一个经济体的增长是不准确的。欧洲可持续发展研究所（SERI）的研究报告表明，全球GDP增长的同时，原材料和能源的使用强度也逐渐上升。近年来，全球单位GDP消耗大量原材料和能源现象有所缓解，但全球整体GDP对原材料和能源的消耗仍持续增长。因此，学者们提出了可持续经济福祉指数以及真实发展指数等，这些指数对GDP做了一些改良，以更准确地衡量经济发展带来的幸福程度。相比之下，生态足迹和净初级生产力的人类占用（HANPP）等指标，并未以货币形式来测算经济活动对地球生物承载能力的压力。归纳而言，这些衡量标准从不同的经济增长角度提供了对经济增长的研究。显而易见，除了经济规模的持续增长外，经济发展还应关注经济增长对生态环境的影响。

（三）经济发展要素决定理论

经济发展具有独特的内在逻辑。马克思在《资本论》一书中，对商品经济的形成发展过程和演变规律作出了深入剖析。在经济发展的过程中，主导经济发展的要素发生变化、逐渐融合，经济发展的新生产要素不断涌现、持续创新。美国经济学家埃德曼对这一过程研究后得出结论，经济发展过程是按照规律性进行，并产生结构性变化的。经济发展和要素创新的演进可以被分为四个主要的发展阶段。第一，其起点是以劳动和土地为主要要素的阶段。随着人们的需求逐渐增多，全社会进入商品经济发展阶段初期，表现为商品的人类劳动产品不再局限于满足人类自身需求而进行交换。第二，商品经济的蓬勃发展使货币转变成资本，劳动力被列为商品，同时新的资本要素不断涌现，经济发展对土地、劳动和资本这三个重要因素的依赖性开始体现。第三，随着商品经济的不断发展和资本主义内部矛盾的不断加剧，科学技术成为产业投入的重要因素，从而独立成为经济发展的主导因素。第四，随着后工业化时代的到来，技术、知识及劳动力相互交织融合，人力资本成为经济发展的首要推动力。同时，随着经济的发展，不断出现的高效的经济组织和制度也逐渐成为经济发展中不可或缺的因素。根据经济发展和要素创新的过程，我们使用经济发展要素决定论来阐述经济发展要素创新决定经济发展的观点。该理论包括以下四种主要理论。

1. 资本决定论

资本决定论的主要观点是：资本是推动经济发展的重要因素，以资本产出率固定为前提，资本积累率（储蓄率）决定了经济发展水平。对此，哈罗德—多马增长模型（Harrod-Domar model）仔细解释了这一观点，该模型是论证经济发展的关键在于资本的典型例子。哈罗德—多马增长模型指出资本积累率的提高是唯一推动经济增长的因素，突出了资本积累的重要作用。哈罗德—多马增长模型如下：

$$g=s/a-d$$

在这一模型中，经济增长率用 g 表示，储蓄率用 s 表示，资本生产率用 a 表示，资本折旧率用 d 表示。经济增长过程的理论依据在该模型中得以体现，储蓄率提高是投资的表现，资本积累则依靠投资实现经济增长。之后，以发展中国家的经济发展过程为例，麦迪森继承并发展了哈罗德—多马增长模型，形成了"麦迪森模型"。这一模型被其他学者进行补充与完善。

2. 技术决定论

由于在现实的资本市场中，资本与产出比率不变的假设并不符合经济发展的客观规律，因为在竞争性市场上，在价格因素的影响下，资本与劳动的比率发生了调节，进而使资本与产出的比率也得到一定程度的调节。由此可得，资本要素和劳动要素的投入量高低并没有对经济发展速度起决定作用，对资本要素和劳动要素比率变化产生影响的技术进步程度却至关重要。资本边际收益递减的规律会由于技术进步所产生收益的递增有所回升，从而使生产函数中产出的规模保持相对不变。新古典经济增长模型是技术决定论的代表，索洛—斯旺模型则是新古典经济增长模型的经典模型。哈罗德—多马增长模型的限制被美国经济学家索洛（Solow）突破，他不再假设资本与劳动具有不可替代性，假设市场适用于边际报酬递减的一般规律，使用新古典框架进行分析，认为劳动和资本生产率等各要素互相具有替代性。

一般情况下，索洛—斯旺模型的表达式如下：

$$Y=F(K, L)$$

这一表达式中，产出是 Y，资本是 K，劳动力是 L。生产函数采用柯布—道格拉斯形式为：

$$Y=K^{\alpha}L^{1-\alpha}$$

该模型中，当经济体处于均衡状态时，经济增长只与人口增长有关，即只要保持劳动人口的增长，经济就可以保持持续增长。而 Solow 于 1957 年又对该模型进行了修正，并引入外生的技术进步变量 A，则生产函数变为：

$$Y=AK^{\alpha}L^{1-\alpha}$$

其中，A 表示技术进步。根据修正后的生产函数，外生的技术进步也决定生产产出。Solow 最大的贡献在于提出了技术进步生产率，即"Solow 残差"：

$$\frac{\Delta A}{A} = \frac{\Delta Y}{Y} - \alpha \frac{\Delta K}{K} - \beta \frac{\Delta L}{L}$$

其中，为技术进步增长率，即 Solow 残差，为产出增长率，为资本增长率，为劳动力增长率，α 为资本产出弹性，β 为劳动力产出弹性。Solow 利用该模型，对美国 1909—1949 年经济增长进行研究，发现了"Solow 残差"，即技术进步对经济增长的贡献率高达 87.5%，而资本和劳动的贡献率仅为 12.5%。

在这之后，美国的计量经济学家丹尼森（Denison）开展了影响人均经济增长因素的研究。他认为劳动力的数量和质量、资本、资源配置、规模节约、知识技术应用是五个影响经济增长的因素，进一步形成了"丹尼森模型"。丹尼森模型认为技术进步等因素为经济增长作出了贡献。马克思提出的技术构成理论和库兹涅茨模型也属于技术决定论的范畴。

3. 人力资本决定论

物质资本和人力资本（无形资本）这两个关键因素都对经济发展有着重要的影响。在现代经济发展进程中，人力资本更已成为主要的发展动力之一。人力资本指的是劳动者身上具有的工作技能，收益递增性的知识是人力资本的衡量标准，同时对抵消物质资本边际收益递减起到重要作用，从而使得产量能够保持甚至增加。人力资本决定论的核心理论可以分为四个模型：人力资本模型、知识推动模型、人力资本模型和专业化人力资本积累模型。

新古典增长理论对于经济增长环节产生的一些问题进行解答，不仅限于技术进步因素，环境因素、管理因素都包含在Solow残差内。新增长理论（内生增长理论）的诞生以美国经济学家保罗·罗默（Paul M. Romer）的内生技术进步模型和卢卡斯的人力资本模型为标志。内生技术变化在经济增长中发挥的重要作用是新增长理论的关注重点。因此，新增长理论催生了一批研究重点，如知识外溢、人力资本投资、劳动分工与专业化等。罗默等学者提出的内生增长模型一般形式为：

$$Y=K^{\alpha}(AL_y)^{1-\alpha}$$

$$\frac{\dot{A}}{A}=\delta L_A$$

$$L_A+L_y=L$$

这三个表达式依次为生产函数方程、知识函数方程和劳动力约束方程。在生产函数、知识函数方程中：用 $\dot{A}$ 来表示知识变化量，δ 表示折旧系数，L_A 表示研发人员数量，A 表示知识存量。在劳动力约束方程中：L_y 表示参与最终产品生产过程的劳动人数。在均衡状态下，产出增长率与资本增长率和知识增长率相同，则增长率表达式为：

$$g=\frac{\dot{Y}}{Y}=\frac{\dot{A}}{A}=\delta L_A$$

在平衡增长路径，这一表达式具有以下三种含义：（1）当从事研发人员的数量增加，同时知识存量 A 增加，二者的关系为正相关；（2）研发部门的生产率提高与知识存量 A 扩大密切相关；（3）经济增长是人力资本（L_A）的函数。由表达式可得出结论，内生增长模型突出了人力资本对经济增长发挥的重要作用。

4. 经济制度决定论

创立了新制度经济学的科斯、诺斯等美国经济学家指出，将人力资本、资本和技术等要素认作影响经济增长的因素，不如将这些要素视作经济增长现象本身；规模经济、教育积累、资本积累、技术创新能够作为经济增长的表现，而不是影响经济增长的决定性条件，由此可见，要想探究影响经济发展的条件，就要抛开各种要素。诺斯提出的理论表示，经济发展的核心是高效的经济组织，欧美经济的崛起有力证明了这一点。因此，制度在经济发展过程中发挥的作用不容忽视，制度被视作经济发展中的决定性因素和重要机制。交易费用、产权、企业、制度变迁等理论是该理论的主要内容。

二、劳动地域分工理论

区域经济发展的关键在于发挥区域优势，避开区域劣势，这是劳动地域分工理论的观点。劳动分工不仅表现在部门、企业间和企业内部的分工，还表现在国家和地区等地域间的分工，这是不同区域产业结构的差异性所造成的。不同地区采取各自的经济发展模式，是受到了劳动分工条件和地位差异的影响。因此，劳动地域分工理论为区域经济发展模式的各自成型提供了理论支撑，这一理论对区域经济发展模式的路径形成和水平差异的产生提供了理论支持。

（一）劳动分工的空间维度

劳动分工理论通常象征着人类社会发展的基石，劳动力的专业化是它最主要的特点。各国学者以劳动分工理论为主体进行了许多探究。现在已经取得广泛共识的说法是该理论原型为亚当·斯密的学说，在各个维度的发展变化过程中，劳动分工理论得以产生。

特定的地区空间是经济活动产生的基础，劳动分工以固定空间作为载体而展开。

第一，国际贸易理论由古典分工理论、新古典分工理论和新贸易理论组成，主要研究内容为劳动分工在国家间的展开。在这之中，古典分工理论的代表性学者有斯密、李嘉图；新古典分工理论的研究代表有赫克歇尔和俄林，新贸易理论的支持者是迪克特和斯蒂格利茨、赫尔普曼和克鲁格曼。

第二，地域分工理论为探讨地区差异和地区专业化问题提供了理论基础，托伦斯、西尼尔和陶西格是这一理论的代表性学者。该理论还涵盖了马克思和恩格斯对劳动分工与协作的研究，并且吸收了列宁、阿努钦和萨乌什金等苏联学者在地域层面劳动分工的研究结果。学者萨乌什金以上述学者关于劳动地域分工的观点为前提，精准概括了劳动地域分工理论，他着重提出生产活动应受自然环境、自然资源和交通运输等条件限制进行合理布局，对均衡性生产布局秉持否认的看法。

第三，相较于地域分工的传统观念，经济地理以及新经济地理领域突出了经济活动的空间布局。区域经济活动的展开通常以城市群和产业集群的集聚为方式，这是经济活动分布的不均匀性造成的，集聚的形成源于生产活动的区位分布。因此，美国经济学家克鲁格曼（Paul R. Krugman）为首的新经济地理学成为新兴学说，"中心—外围"的模式得以发表，以规模经济、交通运输成本、生产要素流动为切入点从微观上研究了空间结构的基础。然而，新经济地理学没有注意到知识溢出发挥的作用。现代交通运输的发达和通信技术的进步，使知识溢出发挥了更重要的作用。知识溢出对高新技术企业的集聚具有推动作用，通过建立理论模型的方式证明知识密集的高新技术企业、创新型生产机构大多集聚在中心区，常规企业通常聚集在外围区。在集聚生产函数中，假如学习报酬没有发生递减，那么知识溢出将是区域经济发展的源动力，这也为区域经济发展因增长方式差异而产生差距给出了合理解释。

第四，人文地理学的发展进步启发了英国马克思主义地理学家麦茜（Doreen Massey），他开创了空间分工的概念，这一概念与传统分工有着明显区别。麦茜认为区域间产业分工和区域间职能分工是空间分工的两种类型。空间分工概念发表后，许多学者依据这一概念对区域发展的不平衡性进行探讨。还有美国学者以空间分工理论为基础，研究发现由于企业生产部门和管理部门的空间分离，美国国内的产业结构与职业结构之间的相关性也在降低，使得大量产业生产活动布局在全世界，只在本国保留高科技产业。

（二）劳动地域分工理论的主要观点

劳动分工的形式丰富，部门、行业、企业、城乡、城市以及地域间都能进行劳动分工。在这多种形式中，劳动地域分工表现出了劳动分工的空间性。需要注意的是，虽然劳动分工的一些形式具有空间性，但并非任意具有空间性的劳动分工也具有地域形式，也能被称作劳动地域分工。H. H. 巴朗斯基因此提出，生产空间和消费空间的分离是劳动地域分工区别于其他形式的本质特征，辨识劳动地域分工要依靠地域间的交换和贸易。本书详细介绍了劳动地域分工理论，这是分工理论的内涵之一。注重绝对优势（内生比较优势）的斯密分工理论和注重相对优势（外生比较优势）的李嘉图分工理论，强调产业外贸易的要素禀赋理论和强调产业内贸易的新贸易理论，这些理论构成了劳动地域分工理论的基础。

色诺芬和威廉·配第等早期学者对分工理论发表过重要观点，将亚当·斯密将前人的经典思想加以融合，开创了劳动分工理论，因此被经济学界视为"劳动分工理论"的开山之人。18世纪80年代，经济学家斯密出版了著作《国富论》，他率先意识到分工对提高生产率和增长经济的巨大作用，还对劳动创造价值、劳动决定分配的观点进行了系统性论述。斯密提出，区域的财富增长得益于生产率提高，生产率提高取决于劳动分工；劳动分工又受市场范围的决定性影响，市场范围受到城市区位和运输成本等因素影响（图2-1-1）。斯密的绝对优势理论是分工理论在国际贸易领域的运用，理论内涵是国际分工使参与分工的所有国家财富增长。绝对优势理论将每个国家地区特有的优势资源、气候和技术视作"绝对优势"，假设每个国家都利用绝对优势进行专业的生产、交换，那么各个国家地区的资源利用率和劳动力利用率就能达到最高，劳动生产率全方位提高。自由市场意味着交易双方自由贸易、产品自由流通，这也是绝对优势理论的前提条件。这种分工适用性强，适用于国际和地区间的贸易，是贸易理论的基石。

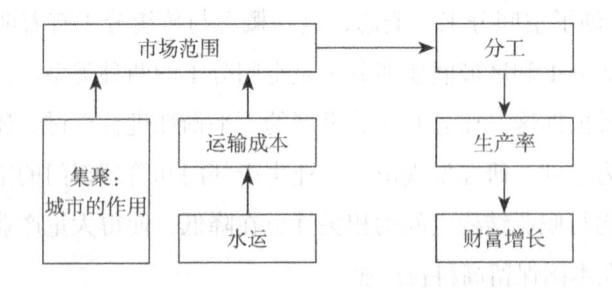

图 2-1-1 亚当·斯密分工理论的一般框架

大卫·李嘉图对斯密的经济思想进行了全方位的继承，并以此为基础进行修改与完善，他指出每个国家地区除了能以绝对优势的产品参与国际分工，还能以相对优势的产品参与国际分工。就算一个国家的产品相较其他国家没有绝对优势，甚至许多同种类产品都没有绝对优势，但在和其他国家地区的产品对比中，某种产品在成本方面具有相对优势，那这个国家通过生产出口该产品来交换成本相对较高的产品，就能够得到相对利益。

苏联经济地理学家 H. H. 巴朗斯基就相对优势理论进行了更深入的解释并且创立了地理分工论。该学者认为地理分工由绝对地理分工和相对地理分工组成。绝对地理分工意为一个国家地区无法生产某产品，应从其他国家地区进口；相对地理分工意为一个国家地区生产某产品的相对成本较高，应从其他国家地区进口。巴朗斯基概括了斯密的绝对优势理论和李嘉图的相对优势理论。

瑞典经济学家赫克歇尔在1919年提出要素禀赋的思想，瑞典经济学家俄林以他的论点为基础发表了要素禀赋学说。在俄林看来，劳动分工和贸易的进行以地区为地理单位，各国家地区贸易和产业区位的形成都受到生产要素价格差的影响。他还提出，生产要素分布的不均衡性是受到了国家和地区间自然环境和经济社会环境差异的影响，进一步造成生产要素和商品的相对价格差，最终促成了区际贸易的产生。由此可见，区际贸易产生的直接条件是绝对价格差异，一个国家出口要素相对充足的产品意愿更强，并选择进口要素相对缺乏的产品。通常情况下，生产出口资本密集型商品的国家地区资本要素和劳动力要素充足。

当代经济学家将劳动分工和贸易理论的两条发展线索称为内生比较利益说和外生比较利益说。根据上文的分析，内生比较利益说就是以斯密为代表的绝对优势理论；外生比较利益说就是以李嘉图为代表的相对比较优势和以俄林为代表的禀赋比较优势说。这两条线索有本质上的区别，分别代表了不同的经济发展思路，不是简单的字面上的内外生区别。内生比较利益说强调拓扑性质的变化，外生比较利益说则相反；内生比较利益说强调分工网络模式等经济组织发展，外生比较利益说则强调资源的分配与流向等变化。

第二次世界大战之后，阐释单个国际贸易现象的理论不断涌现，如生命周期理论、人力资本理论和收入偏好相似理论。但这些理论大多是孤立存在，互相没有产生联系。规模经济和多样化消费的两难冲突模型（D—S模型）于1977年由美国经济学家迪克特和斯蒂格利茨建立，这一学说假设固定的规模报酬发生改变，研究了边际收益逐渐增加造成的规模经济和垄断竞争，二者对贸易模式产生了巨大影响。以规模经济为前提的比较利益，也被称作后天获得的比较利益，规模经济和多样化消费的两难冲突模型也叫作外生贸易模型。以色列经济学家赫尔普曼和美国经济学家克鲁格曼在迪克特和斯蒂格利茨思想的启发之下，在20世纪90年代出版了《市场结构与对外贸易》一书，这本书是新贸易理论确立的象征，书中提出了具有类似条件的地域分工理论。根据新贸易理论，大规模生产同质产品可以带来经济规模效益，导致价格下降；小规模生产异质产品则是差异产品的生产需求。国际贸易发展水平进一步提高，表现为批量生产的产品可以分布于各个国家中，进而使每个国家都有小批量生产不同种类产品的能力。赫尔普曼和克鲁格曼的观点表示，国家之间存在的差异越大，意味着产业间的贸易规模也就越大。国家之间存在的差异越小，国家之间的贸易量就越大。新贸易理论的兴起是对比较优势理论的颠覆，再度证实了斯密提出的绝对优势理论的效用。规模经济形成之后，各个地区发展了各种产业，这就是斯密主张的后天比较优势在发挥重要作用。这一现象同时印证了分工理论广泛的适用范围，外生比较优势理论则缺乏一定的普遍性。新贸易理论以传统分工理论为基础，并对其进行完善与改进，观察和研究国际贸易和经济发展的现实变化。不同于比较成本优势理论和要素禀赋理论，新贸易理论对本国在激烈国际竞争中，如何发挥企业特有的知识与资产等垄断性优势更加关注，也就是企业内部劳动分工。传统的分工理论也好，新的贸易分工理论也好，它们的基本出发点都是利用各自的优势，在全球经济和国际贸易形式不断演变和发展的背景下，实现国际贸易分工，以获得利益。

三、区域竞争优势理论

20世纪90年代，美国管理学家迈克尔·波特（Michael Porter）对国家竞争优势理论进行解释说明，他对"经济全球化背景下，一国经济持续繁荣的源泉"等问题给出答复。国家竞争优势就是一个国家在特定领域内，能够让本国企业行业创造和保持竞争优势的能力。波特的国家竞争优势理论的研究主体虽然是国家，但也可以运用到城市和区域的竞争优势分析中。本书在国家竞争优势和区域竞争优势的理论研究方面没有明确界限。也就是说，区域经济发展模式的成型和区域经济的发展，主要依靠来自各个途径的竞争优势。以劳动地域分工和区域经济发展的理论分析为前提，通过分析区域竞争优势，可以更好地理解某地区为什么能够实现较好的经济发展，并如何形成其独有的经济发展模式。因此，有必要对区域竞争优势理论进行整理，以此作为本书研究的基础。

根据波特的观点，区域竞争优势源于生产要素，企业战略、企业结构与同业竞争，需求条件以及相关与支持性产业四个主要因素与机会和政府两个次要因素。这六个因素是波特钻石模型对区域竞争优势来源的说明（图2-1-2）。波特的国家竞争优势理论在企业和产业竞争优势形成的过程中具有很好的适用性。

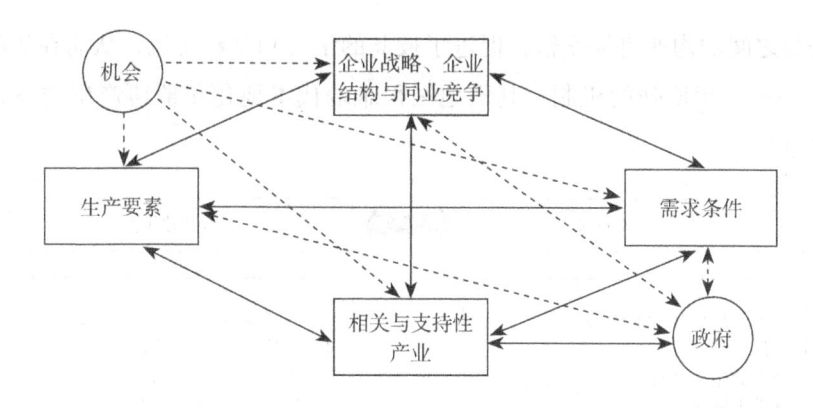

图 2-1-2　区域竞争优势的来源：波特钻石模型

高级要素的培育是获得竞争优势的基础。一个国家的竞争优势不在于基础要素，如劳动力、土地、资源、资本等，而在于需要长期资本投入和技术创新的高级要素。在使用效率方面，高级要素比基础要素能发挥更重要的作用。在全球化深入发展的时代背景下，国家、地区或企业对于基础要素的获取更加便利，还能以技术升级的方式来弥补基础要素的不足之处。相较于其他基础要素不足的国家，基础要素丰富的国家在资源获取方面具有更高的可行性，这也导致了这些国家对基础要素依赖性较强的后果，国际竞争力反而得不到提升。一个地区在面临要素劣势的条件时，通常会注重提高地区的要素质量，来增强地区竞争优势。在要素劣势转化为要素优势的过程中，这些条件不可或缺：首先，对地区的要素劣势情况有明确认识，积极行动弥补要素劣势这一缺点；其次，对于创新，企业需要有一定技术储备和适当的竞争压力。以温州这一地区为例，温州的自然地理条件不具备得天独厚的优势，但温州人民敢于竞争、艰苦创业，于是"温州精神"得以形成。波特的相关理论提出，国内市场规模越大，企业就会更容易建立起自己的竞争优势。因为市场越大，企业也就会更加关注市场，从而更好地了解市场需求。除需求规模外，国内购买者对需求质量的关注程度更加重要。市场需求苛刻，购买者要求极高，这可以促使企业持续改进、创新并提高竞争力。

根据波特的观点，产业集群的形成与竞争优势密不可分，这种优势主要来自以下方面：地理位置相似、技术支撑、人才储备、供应商和服务商的专业化、各种机构组成的产业集群。这些因素对国家和地区的竞争优势形成具有巨大影响力。企业之间部门、技术和人才的空间距离减少，导致同行业之间的竞争加剧，企业之间的沟通更加紧密，促进了彼此的学习和创新交流，从而在集群内部形成了一种自我增强的机制。其他地区很难取代本地化集群所产生的竞争优势（图 2-1-3）。

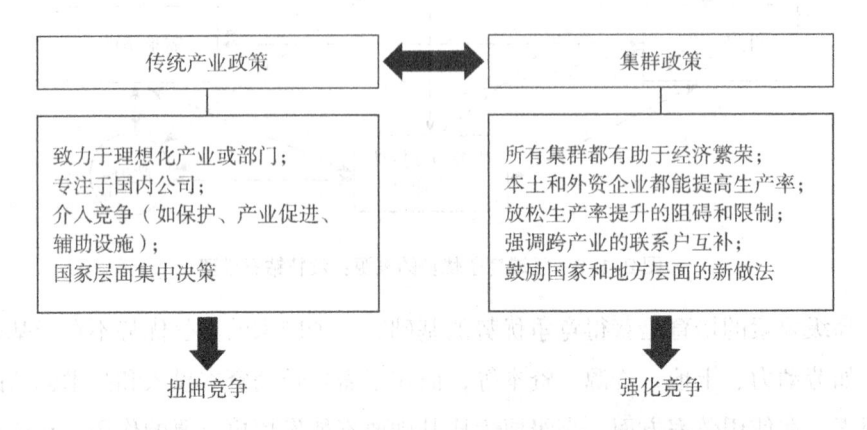

```
┌─────────────────────┐       ┌─────────────────────┐
│    传统产业政策      │ ◄───► │     集群政策         │
├─────────────────────┤       ├─────────────────────┤
│ 致力于理想化产业或部门；│     │ 所有集群都有助于经济繁荣；│
│ 专注于国内公司；      │       │ 本土和外资企业都能提高生产率；│
│ 介入竞争（如保护、产业促进、│ │ 放松生产率提升的阻碍和限制；│
│ 辅助设施）；          │       │ 强调跨产业的联系户互补；│
│ 国家层面集中决策      │       │ 鼓励国家和地方层面的新做法│
└──────────┬──────────┘       └──────────┬──────────┘
           ▼                              ▼
        扭曲竞争                        强化竞争
```

图 2-1-3　传统产业政策与波特的集群政策对区域竞争力的影响

由国内企业构成的产业集群，比起从国外采购某个环节，更能够在国际竞争中占据优势。特别是由当地企业组成的上下游配套的垂直产业链/集群，其中既包括主导产业企业，也有为主导产业企业提供服务的企业；制造商之间进行合作，有利于产品的互相补足，制造商与专业化机构进行合作，提供了技术支持，有利于产业取得区域竞争优势。意大利制鞋业在全球层面的竞争力形成离不开相关产业的大力支持，如图 2-1-4 所示。在意大利东北部，一些产业呈现出地理上的聚集现象，形成了很多内生发展的产业集群，这被称为"第三意大利模式"（见图 2-1-5）。

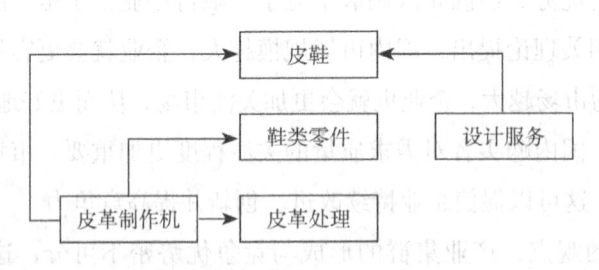

```
                  ┌──────┐
         ┌───────►│ 皮鞋 │◄──────┐
         │        └──────┘       │
         │                        │
    ┌─────────┐            ┌──────────┐
    │ 鞋类零件 │            │ 设计服务 │
    └─────────┘            └──────────┘
         ▲
         │
    ┌─────────┐      ┌──────────┐
    │ 皮革制作机│─────►│ 皮革处理 │
    └─────────┘      └──────────┘
```

图 2-1-4　意大利鞋类供应商产业

图 2-1-5　意大利各大产业地理集中情形

企业的竞争优势还受制于其所采取的商业计划、组织形式以及与同行业竞争者的竞争情况。企业竞争和发展战略是最难模仿和学习的，企业竞争和发展战略的调整，利于形成企业特有的竞争优势。一般来说，国内市场的激烈竞争促使企业降低生产成本、提高产品品质、改进服务质量，推动技术进步与科技创新。国内市场的激烈竞争也促使企业参与国际市场的竞争，生产效率提高，企业利润增加可增强企业在国际竞争中的竞争力和实力。

在提升某一特定地区内产业和企业的竞争力时，政府在以下方面扮演着关键角色：发展基础设施、实行货币和税收政策、制订并执行产品安全和环境标准、促进投资、松绑管理控制以及推进反垄断政策。因此，政府应该致力于建立一个利于生产率提升的良好环境，而非过多干预企业和经济行为，同时发挥市场竞争促进作用。机遇通常与产业发展环境、企业内部和政府政策无关。传统技术的失传、科学技术的发明和创新、生产成本的骤增、市场需求的猛增、金融市场的巨变、国际政策的变化等现象是机会的表现。这些现象为摧毁或重新塑造一个国家或地区的产业结构以及改变国际产业格局提供了机会。

根据区域经济发展理论的观点，国家的经济发展会呈现出一定的阶段性特征；不同的发展阶段还会呈现出相应阶段竞争独有的优势。将区域经济竞争优势分阶段的目的不是为了完整描述某一地区经济发展的表现或历程，而是为了揭示其普遍规律。因为经济的组成和各国或地区的产业竞争能力不一致，所以就算在美国，也存在许多依赖自然资源但竞争能力较强的产业。通常情况下，产业的竞争力往往取决于其具备的高级要素，而不是自然资源等基础要素。区域竞争力有四个发展阶段，依次是生产要素导向（factor-driven）阶段、投资导向（investment-driven）阶段、创新导向（innovation-driven）阶段和富裕导向（wealth-driven）阶段，如图2-1-6所示。波特的区域竞争力发展阶段理论不被一些学者认可，他们认为这只是按照概念划分。然而该理论在人们认识区域经济发展各个阶段面临的困境和分析区域经济发展状况等方面发挥了启迪作用。

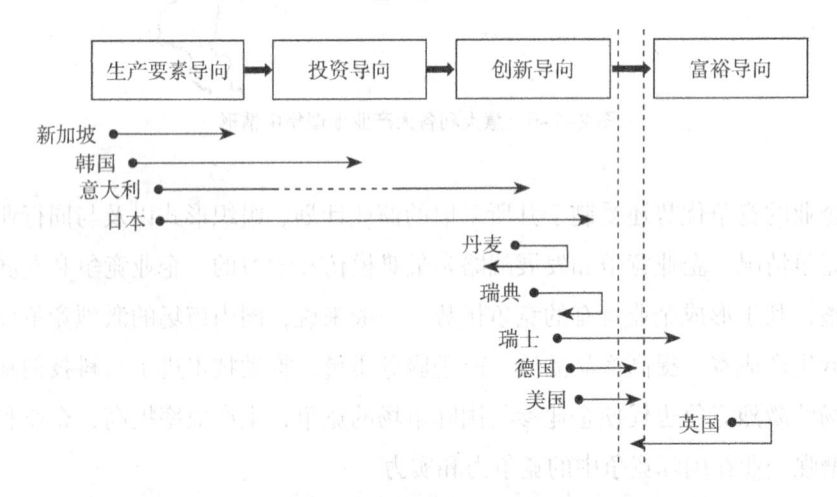

图2-1-6 区域竞争力发展阶段及第二次世界大战后各国表现

四、路径依赖与路径创造

根据经济学家和地理学家的研究，经济的发展过程具有演化性质，并且存在路径依赖现象。这种现象已经被广泛研究并得到证实。董彦彬及其他学者在分析韩国的经济发展模式形成与变化过程时融合路径依赖理论，认为"韩国模式"的形成是多个因素在历史方面互相影响的结果。韩国政府采取的政治力量重组和产权重新分配一系列措施有力推动了韩国经济的发展，形成了独特的"韩国模式"。到了20世纪末期，韩国政府管控本国企业的能力下降，对国际资本的影响力减弱，各种原因致使"韩国模式"开始走下坡路。[1]洪宇在他的研究中表明，韩国经济发展模式形成过程中产生了路径依赖，这一现象能够带来促进经济增长的正反馈效应。相反，如果经济发展的过程中受到强烈的外部因素干扰，在正反馈效应的作用下经济会朝着不利方向发展，导致经济长期低迷，日本经济的恶性发展也是因为受到这一因素的影响。[2]肖志明在路径依赖理论对县域经济发展模式的影响力研究中构建了一个模型。他还根据福建福安县的经济发展模式演变历程进行实证分析，发现在外部政策环境的推动下，福安县摆脱了路径依赖，实现了经济发展模式的升级换代。[3]由此可见，区域经济发展模式在不断调整和转换，这是因为区域经济发展条件在不断变化。在路径依赖和路径创造相互作用的情况下，可以实现自我崛起、自我突破和自我超越，从而让区域不断发展并进行创新。为了研究区域经济发展模式的演化动因，我们需要探讨路径依赖和路径创造的理论，并且深入了解演化过程中路径依赖和路径创造的机制。

（一）路径依赖理论的起源与发展

路径依赖（path dependence）理论的主要内容是：如果经济社会走入一条路径，会在惯性的作用下越走越远，从而无法轻易转变到其他路径。美国的古生物学家埃尔德雷奇和古尔德等最先提出了路径依赖的概念，而随后的美国经济学家保罗·大卫则把它引入到社会科学领域，并用它来研究技术变迁的问题。大卫的研究表明，由于柯蒂（QUERTY）键盘最先产生并快速流行占据市场主导地位，因此形成了"路径依赖"现象。因为QUERTY键盘率先占据了市场，导致打字员更为习惯其布局，没有接受新式键盘的打算。QUERTY键盘具有广阔的市场前景，于是生产规模持续扩大，造成生产成本不断降低，从而进一步巩固了其市场占有率。大卫提出了"技术相关性""投资的准不可逆性""规模报酬递增"等概

---

[1] 菲利浦.W.林,董彦彬.路径依赖的作用：韩国经济发展模式的兴衰[J].经济社会体制比较,2001(01)：52-64.
[2] 洪宇,郑琼洁.经济发展模式路径依赖与日本经济长期萧条——基于日元实际汇率正反馈效应的解释[J].现代日本经济,2009(06)：30-34.
[3] 肖志明.路径依赖影响下的县域经济发展模式演变分析——以福建福安县域经济发展模式为例[J].长春工业大学学报（社会科学版）,2011,23(05)：25-29.

念，从理论上解释了"技术次优术解决方案选择行为成为常态"的现象。美国经济学家布莱恩·阿瑟（W. Brian Arthur）开发了路径依赖理论，该理论阐释了技术演进过程中的自我加强和自我积累机制，并且分析了经济系统中报酬递增的影响。阿瑟观察到，技术在投入市场后能够迅速占领市场份额，从而形成规模经济，这是由于它们具备先发优势。普遍流行引起的学习效应，其他人也效仿该技术并产生协调效应，再加上人们普遍认为该技术会越来越流行，这会进一步推动技术的普及与强化，形成良性循环。

自20世纪90年代起，路径依赖理论逐渐被引入到更广泛的领域，包括经济学、社会学、地理学和管理学等。诺斯把自我增强机制应用到制度变化中，并提出制度路径依赖。与技术变化类似，制度变化也存在报酬递增和自我增强机制。因此，诺斯、斯塔克、青木昌彦等众多学者逐渐将路径依赖研究从技术变迁转向制度变迁，从而产生了制度路径依赖理论。根据梅特卡夫等学者的研究，技术路径依赖受到许多因素的影响，包括行为惯例、社会联系和认知结构等。从微观视角分析认知结构等因素的影响，可以更好地理解技术的路径依赖现象。因此，一些学者如诺斯等人将认知结构融入制度变迁中，并强调智力结构不仅是制度建设的基础，还是约束社会演进的重要因素。[1] 格拉柏赫在经济地理学研究中首次运用了路径依赖理论，分析了老工业区发展中的路径锁定现象，并将它们归为结构锁定、政治锁定和认知锁定三种类型。当某个地区的主要资源只局限于一种或极少数几种技术时，而且当该地区的组织和制度与这些技术密切相关时，就会出现"结构锁定"；当主要权力结构对主要的技术—组织路径产生了依赖，并因此拒绝改变时，就会发生"政治锁定"；因为过去的经济发展成功经验深刻影响了某个地区，使其沿用既有的发展模式，而忽视了经济竞争力的培养，从而导致了"认知锁定"的出现。[2] 以上分析表明，国内外对路径依赖理论的研究一直在不断深入，主要探讨了技术路径依赖、制度路径依赖和认知路径依赖三个方面。

鉴于历史事件对现今和未来发展的影响程度不尽相同，因此，莱博维茨、马戈利斯及罗鸥等学者根据其依赖程度，将路径依赖划分为不同的等级。Roe对路径依赖进行了分类，分为三类：低度路径依赖、中度路径依赖和高度路径依赖。

---

[1] 尹贻梅，刘志高，刘卫东. 路径依赖理论研究进展评析[J]. 外国经济与管理，2011，33（08）：1-7.
[2] 宁军明. 路径依赖、路径创造与中国的经济体制转轨[J]. 学术月刊，2006（04）：86-90.

但大卫认为,路径依赖的影响程度不是由市场选择导致的,而受到了没有经历过分岔过程的占优概率分布的影响。因此,他将路径依赖区分为"积极的路径依赖""消极的路径依赖",认为这一过程并不具有等级性。第一个事物是一种无序的、不可预测的运动。但后者是一种非线性过程,因为历史的限制使其无法避免路径依赖现象的发生。[①]

(二)从路径依赖到路径创造

虽然路径依赖理论具有收益递增机制,认为历史和实践可以促进社会经济创新和变革,但其内部存在一些缺陷。首先,路径依赖思想主要用于分析过去对现在的制约,忽略了如何突破路径依赖限制的研究。另外,在对路径依赖的研究中,很多人只是将它等同于"历史具有重要性"的观点,强调了历史的决定作用,使得路径依赖理论具有相当的历史色彩。其次,经典的路径依赖理论认为,只有在受到外部打击的情况下,才可能实现路径的突破。然而这种观点忽视了人的主动作用,没有充分考虑路径能够内生性地生成的可能性。学者们开始强调需要更加深入地研究内生型路径的创造。

尽管路径依赖是研究经济发展动态演化的基本概念,但它解释了经济变迁是通过分析随机事件的影响,而非人类意愿和创造力的作用,因此在得出结论时存在较强的历史决定论风格。这一限制导致在理解经济发展历史演化的真实机制方面存在缺陷。通常情况下,技术、制度和组织治理都是由行为主体有目的地制订而成,而非偶然或随机的产物。为弥补路径依赖理论的不足,我们应该将路径依赖(path dependence)与过去依赖(past dependence)作出明确的区分,相比历史决定论中的过去依赖,路径依赖具有更强的适应性;路径依赖下,行动者的选择并非被完全限制,而只是需要基于历史条件作出更为有关联的决策。系统演化可以分为两个阶段,即路径轨迹(path trajectories)和转折点(turning point)。在路径轨迹阶段,系统的力量非常强大,因此改变路径是非常困难的;当系统进入转折点时,通常会选择走向开放的方向。大卫进一步解释说,系统如果受到了巨大的外部冲击,演化的路径就会发生变化。

上述学术观点对"解除锁定"路径转轨的产生原因没有给出解答。近年来,

[①] 尹贻梅,刘志高,刘卫东.路径依赖理论研究进展评析[J].外国经济与管理,2011,33(08):1-7.

新兴的路径创造理论对路径依赖理论进行补充，构建了全新的经济发展演变的说明框架。在影响经济发展路径的因素中，路径依赖突出偶然事件的作用，路径创造突出行动者主动行为的作用；行动者结合自身理解摆脱旧路径开启新路径。"锁定"不同于经济学中所描述的静止状态，而是一种有条件的均衡，它只是路径演化的一个过渡状态，打破锁定不一定依靠外在力量。

就路径依赖与路径创造的区别（表 2-1-1）而言，若着重考虑路径的重点，路径依赖则强调路径的"涌现性"，即实际路径的选取是由行动者之间的互动所造成的意外，而非经过集体意识的选择所产生的结果；与此相反，路径创造注重强调路径"建构性"，并将社会建构主义作为其哲学基础。据路径创造理论，初期条件并非事先确定，而是经过一系列特定事件的组织和构建而成。路径创造过程不会自动发生强化作用，而是由经济主体的有意识的策略行动所掌控。路径依赖可能导致锁定，而路径创新则是在更大的有组织过程中的短暂稳定状态，能够在外部和内部力量的作用下实现解锁。

表 2-1-1 路径依赖与路径创造的比较

维度	路径依赖	路径创造
初始条件	外生的偶然性，表现为无法预测的、无目的的、具有一定随机性的事件	可控的、作为经济主体持续性行动的嵌入性环境
自我强化机制	自发产生	受到经济主体策略性行动的掌控
结果	在没有外生于系统的冲击的情况下，可能"锁定"在特定的路径或结果上	可能"锁定"，但是在更大的结构化过程中的暂时稳定状态；内生性力量能够打破
基本性质	涌现性，非遍历性随机过程	建构性，经济主体有意识行为的创新过程

五、经济发展阶段理论

尽管区域经济发展要素决定理论也是区域经济发展理论的重要组成部分，但与之相比，区域经济发展阶段更注重通过历史视角来研究经济发展水平的变化。将经济发展阶段划分用于描绘社会经济发展的特性、揭示区域经济发展所呈现出的普遍规律和方式，是分析经济发展历程的重要理论手段。此外，这种划分还是制定合适发展战略、促进经济发展的重要前提。经济学家们一直以来都非常关注经济发展阶段的研究，他们从不同的角度出发，对经济发展阶段进行了各种各样的分类。国外对于经济发展阶段理论主要有四种不同的观点，包括总量水平观点、结构主义观点、综合主义观点（同时考虑总量水平和结构主义）和人类与自然关系观点。

（一）总量水平观点

总量水平观点主要是从经济发展总体水平出发，用人均GDP、经济总量等指标来划分区域经济的发展阶段。经济学家钱纳里对各个人均国民收入群体的产业结构转变进行了详细分析，并发现在不同收入水平下，各种经济发展变量的变化具有不同的阶段性特征。[1]

以1970年的美元作为衡量标准，钱纳里将经济的发展划分为初级产品阶段、工业化阶段和发达经济阶段。钱纳里区域经济发展阶段理论将收入、资源配置、人口以及收入分配等诸多因素综合考虑，以人均GDP作为经济发展阶段划分的标准，这种划分方法在本书中被视为总量水平观点。

诺瑟姆曲线主要是用城市化率来反映不同发展阶段的城市化水平，帮助我们理解城市化水平和经济发展阶段之间的关系。根据诺瑟姆曲线的分类，城市化的发展可分为初级阶段、加速阶段和成熟阶段三个阶段（图2-1-7）。当城市化率在25%以下时，处于初级阶段；当城市化率增长到25%—50%或70%时，进入加速阶段；当城市化率超过70%时，已进入成熟阶段。在我国，一些学者对该理论进行了改进。例如，方创琳将其根据中国城镇化的发展情况分为初期、中期、后期和终期四个阶段，并将经济发展阶段相应地分为工业化初期、工业化中期、工业化后期和后工业化时期。[2] 根据城市化速度的变化，可以将城市化的发展阶段分为四个阶段，分别是孕育阶段、加速阶段、减速阶段和趋零阶段。[3]

---

[1] [美]霍利斯·钱纳里，谢尔曼·鲁宾逊，摩西·赛尔奎因著. 吴奇，王松宝等译. 工业化和经济增长的比较研究[M]. 上海：上海人民出版社，2015.
[2] 方创琳，刘晓丽，蔺雪芹. 中国城市化发展阶段的修正及规律性分析[J]. 干旱区地理，2008（04）：512-523.
[3] 陈明星，叶超，周义. 城市化速度曲线及其政策启示——对诺瑟姆曲线的讨论与发展[J]. 地理研究，2011，30（08）：1499-1507.

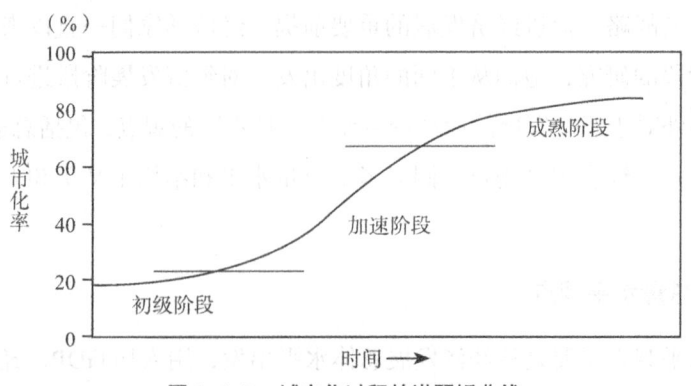

图 2-1-7 城市化过程的诺瑟姆曲线

（二）结构主义观点

德国经济学家李斯特（List F.）是经济发展阶段理论的鼻祖。他在 1841 年针对英国古典学派的观点，强调各国的经济发展条件和程度应该被纳入经济发展阶段理论中。根据生产部门的不同发展状况，他将经济发展阶段划分为原始未开发阶段、畜牧业阶段、农业阶段、农业和制造业阶段以及农业、制造业和商业阶段五个不同的阶段。马克思从生产关系和社会结构的角度出发，创立了经济发展阶段论，主要包括所有制演变阶段论和经济社会形态发展阶段论。马克思在研究俄国公社所有制演化阶段时认为，人类社会的发展可以划分为三个主要阶段，分别是原生社会、次生社会和再次生社会，每个主要阶段都可以再细分为一系列小阶段。就所有制而言，可以将人类社会分为原始公有制社会、私有制社会，以及古代公有制的重现。

新西兰经济学者费希尔开创了产业结构演进三阶段论。他主要基于生产和需求结构的演变，将人类经济史划分为三个不同的阶段。这三个阶段分别是：第一级生产阶段，农牧业是主要产业；第二级生产阶段，工业制造成为主导产业；第三级生产阶段则以服务业为主导。英国学者克拉克继承和发展了费希尔的理论，他的观点是随着时间的推移，农业就业人数会逐渐减少，接着制造业和服务业的就业人数下降。"费希尔—克拉克产业结构演进三阶段论"正是由克拉克对费希尔关于产业结构演进的研究进行了重大拓展。

根据美国经济史学家罗斯托所述，人类社会的演化可以被归类为：传统社会阶段、为起飞创造前提阶段、起飞阶段、走向成熟阶段以及高额群众消费阶段。

之后，随着高额群众消费阶段的结束，又出现了追求生活质量的阶段。①

在费希尔—克拉克理论的基础上，美国经济学家库兹涅茨将经济分为三个部门：农业（A 部门）、工业（I 部门）和服务业（S 部门）。经过一段时间后，农业部门的相对国民收入和劳动力比重都呈现下降趋势；第二产业对国民收入的贡献比例将会增加，但是劳动力在经济中的占比没有显著变化；在时间上，第三产业的国民收入相对较低，经常出现下降的趋势，但相应的劳动力比例却持续增加。

根据生产资料产业和消费资料产业的比例关系，我们可以将工业化阶段分为以下阶段：消费资料产业占主导地位时期、生产资料产业快速发展时期、两类产业比重基本持平时期及生产资料产业高于消费资料产业的时期。

圣卢西亚经济学家刘易斯将经济发展分为两个阶段：第一阶段是以传统农业为主体，第二阶段则以现代工业为主导。美国经济学家费景汉和拉尼斯对刘易斯的经济理论进行了改进，将其二元经济结构的演变过程细分为三个时期。第一阶段与刘易斯模型类似，农业部门中存在一个隐藏行业，劳动力边际生产率接近于零，因此劳动力供给的弹性是无限的；随着进入第二阶段和第三阶段，农业部门逐渐出现了产能过剩，足以满足内部消费需求，促进了农业劳动力向工业领域的流动。其中，三个阶段的分界点分别是农产品短缺、农业商业化。根据二元经济结构论，我们将传统经济向现代经济的演变分为两个不同的阶段，分别是传统经济向二元经济的转变，以及二元经济向现代经济转型的阶段。

另外，可以从资源结构的角度来分析，探究其在不同阶段的产业结构演变中的作用，以及与主导产业之间的互动关系。这样可以更好地理解区域发展的内在机制，总结地区经济发展的演进规律。经济的演进过程可以被划分为农业社会阶段、工业化初期、中期和后期阶段，以及后工业化阶段。根据陈栋生的观点，经济发展可以分为待开发阶段、成长阶段、成熟阶段以及衰退阶段。

（三）综合主义观点

综合主义观点的核心在于综合考量多个方面、多个指标，以评估经济发展的阶段。迈克尔·波特将各国发展的竞争阶段划分为四个时期，分别为要素推动阶

---

① [美]W.W. 罗斯托著；郭熙保，王松茂译. 经济增长的阶段：非共产党宣言 [M]. 北京：中国社会科学出版社，2012.

段、投资推动发展阶段、创新驱动发展阶段和衰落阶段或财富推动阶段。根据人类社会经济的演变，我们可以将经济发展的历程归为六个不同的阶段：部落经济、公社或村落经济、城市经济、地域经济、国民经济以及世界经济。经济的发展可以从产业区和地域综合体的规模等方面来衡量，因此我们可以将它分为几个不同的阶段：经济水平低且很少参与劳动分工的后备地区、经济发展初期地区、拥有大型基地的经济发达地区和形成地域综合体的发达地区，这一分类可以把经济发展状况与地理位置联系起来。根据空间结构、产业特点和制度环境的不同，我们可以将经济发展划分为前工业化时期、过渡时期、工业化时期和后工业化时期。当然，许多国内学者也会在借鉴西方经济学和发展经济学理论的基础上，对中国经济发展的阶段进行深入研究。

（四）人与自然关系观点

根据贝尔的研究，社会经济的发展可以被分为三个阶段：前工业化社会，人类"同自然界竞争"；工业化社会，人类"同经过加工的自然界竞争"；后工业化社会，"人与人之间的竞争"。许多学者对人类经济发展模式的演进进行了广泛的研究，其中一些学者将人类经济发展的进程归纳为线性和循环经济发展阶段两个大的类别，有的学者则将它们划分为传统、可持续和生态发展三个不同的阶段。这里的可持续发展阶段是人类社会从传统发展阶段向生态发展阶段转型的中间阶段，而生态发展阶段则是在可持续发展阶段的基础上不断深化和拓展。随着可持续发展理念的普及，我国开始重视生态文明建设。在研究人类发展历程的过程中，我国学者们将经济发展阶段划分为原始文明、农业文明、工业文明，而生态文明则是一种全新的文明形态；与此同时，人类经历了不同的发展阶段，包括原始采集阶段、传统农业社会阶段和工业社会阶段，相应地产生了不同的经济模式，如原始经济模式、传统经济模式、工业经济模式和石油化学经济模式等，这已经成为学术界的普遍共识。

（五）区域经济发展阶段观点总结

国内外学者对经济发展阶段研究的归纳如表 2-1-2 所示。

表 2-1-2　国内外学者对经济发展阶段的研究

分类	依据	基本结论
总量主义观点	人均 GDP	农业经济阶段、工业化阶段、发达经济阶段，其中工业化阶段又分为工业化初期、中期和后期
	城市化率	初级阶段、加速阶段、成熟阶段
	总量增长和质量变化	欠发达阶段、发展中阶段、半发达阶段、发达阶段
	人均收入的加权变异系数	区域经济发展阶段与区域差异之间存在着倒"U"关系
	物质交换的机能形成不同	自然经济阶段、货币经济阶段、信用经济阶段
	经济增长速度	中低速稳定增长阶段、高速波动增长阶段、停滞或小幅下降阶段
	消费需求变化	贫困阶段、温饱阶段、小康阶段、中等富裕阶段、高等富裕阶段
结构主义观点	生产部门的发展状况	原始未开发阶段、畜牧业阶段、农业阶段、农业和制造业阶段及农业、制造业和商业阶段
	贸易结构	封闭性的家庭经济、城市经济、国民经济
	生产资料所有制形式	原始公有制社会、私有制社会、古代公有制的复归
	生产发展和需求结构变化的关系	产业结构演进的三阶段论
	三次产业分类法	
	主导部门的不断更替	传统社会、为起飞创造前提阶段、起飞阶段、走向成熟阶段、高额群众消费阶段、追求生活质量阶段
	各产业相对产值的变化趋势	产业结构演化三阶段
	产业结构	消费资料占主导地位时期、生产资料产业加速发展时期、两类产业比重处于持平时期、生产资料产业高于消费资料产业时期
	二元经济发展阶段论	传统农业占主题的阶段和现代工业为主导的阶段

(续表)

分类	依据	基本结论
综合主义观点		要素推动阶段、投资推动发展阶段、创新驱动发展阶段、衰落阶段或者财富推动阶段
	经济结构、社会结构、伦理、心理因素等观念，以及收入分配的合理化等社会政策等	氏族和部落经济、公社或村落经济、城市经济、地域经济、国民经济、世界经济
	资源开发程度、专业化水平、综合发展程度等	经济水平低且很少参与劳动分工的后备地区、经济发展初期地区、拥有大型基地的经济发达地区、形成地域综合体的发达地区
	空间结构、产业特征和制度背景	前工业化阶段、过渡阶段、工业化阶段、后工业化阶段
人与自然关系观点	人与自然界竞争	"同自然界竞争"的前工业化社会、"同经过加工的自然界竞争"的工业化社会、"人与人之间的竞争"的后工业化社会
		线性经济发展阶段和循环经济发展阶段；传统发展阶段、可持续发展阶段和生态发展阶段；原始文明、农业文明、工业文明、生态文明，原始经济模式、传统经济模式、工业经济模式、石油化学经济模式

总的来看，国内外学者就区域经济发展阶段的划分标准展开了研究，从总量、结构、综合等多个角度进行探讨。讨论划分标准的争论众说纷纭，但在阶段划分的评定上存在着诸多分歧，甚至有着截然不同的看法。

通过单一指标来判断经济已经发展到何种阶段是大多数总量主义者的见解，除了人均GDP这一单一指标以外，他们很少采用其他标准来区分区域经济发展阶段。如果使用钱纳里的人均GDP方法来分析中国各地市级城市经济发展的时空格局演变，则可以得出以下结论：2010年，整体上中国已经进入了工业化中期阶段，而上海、广州、深圳、佛山、苏州、无锡等发达地区城市，以及东营、克拉玛依、鄂尔多斯等资源型城市已经步入了发达经济初期阶段，即后工业化阶段。实际情况表明，区域经济发展阶段和区域经济发展模式所处阶段存在不同。因此，单纯依靠简单的指标来评价区域经济发展水平，易产生偏颇。例如，像鄂尔多斯、克拉玛依、东营市这样的城市，虽然按人均GDP的标准来进行衡量时，这些城市已经进入后工业化阶段，然而，从其城市发展产业结构、创新水平等方面进行综合性的衡量，可以明显看出它并未完全具备后工业化阶段的经济发展模式和特征。可见，简单地以人均 GDP 这种单一的指标作为区域经济发展模式划分的标准会存在较大的不全面性，划分区域经济发展模式所处的阶段尚需要从更多能够影响经济发展的因素进行综合性的研究。由于结构主义观点的多元化，以不同角度为切入点的学者们都能够提出一定的经济发展阶段的划分，从而使形成一个普遍认可的观点更加困难。综合主义观点在考虑区域经济发展阶段时，将总量主义、结构主义和人与自然关系的观点综合起来，更符合科学的评价标准。当采用综合主义观点时，许多学者在建立指标体系时存在主观因素，导致对于区域经济发展阶段的评价缺乏普遍适用的客观标准，这削弱了横向和纵向比较以及制订和实施政策的指导意义下降了一定程度。经济发展阶段的变迁，反映了经济发展实质和质量的转变，也是经济发展本质性进步的外在表现。

第二节 区域经济发展转型的动力因素

区域经济发展是由自然、经济、社会等多方面因素共同作用而成的。深入分析这些因素在区域经济发展中的作用，可以帮助我们更好地理解区域经济发展模式的形成过程和规律。经济发展的评估是一个复杂而系统化的工作，因此很难制订一个公认的标准。然而，GDP 是目前衡量经济发展水平最重要的指标，因此本书选择采用 GDP 作为主要的经济发展水平指标，以此进行评估。经济学家托达罗（Todaro）在研究发展中国家时发现，区域经济发展的基础条件包括物质和人力资源、人均收入和 GNP 水平、气候条件、人口、国际人口迁移、国际贸易、科技研发能力以及政治社会制度等 8 个因素。这项研究的一个重要发现是，区域内部的基础科学研究、政治和社会制度的稳定性与灵活性都对经济发展具有重要的影响。然而，该研究也没有充分考虑历史和文化传统对于区域经济发展所产生的影响。根据国内学者对托达罗研究成果的进一步完善和补充，我们可以得知，不同地区的发展模式受到五个主要因素的影响：自然条件和资源状态、城市的发展水平—经济和社会结构、交通和信息条件、历史背景以及地理位置。选择区域经济发展模式时要考虑到自然资源、地理条件、人口、资金、技术、交通运输和通信等要素，这些因素会对国内政策、文化和历史传统、区域互动等产生影响，进而影响区域经济的发展模式。然而，我们应该注意到，经济全球化背景下，全球化对区域经济发展模式的影响也是不可忽视的。这些研究为本书提供了有益的思路和参考。

推动区域经济发展模式形成作用力机制如图2-2-1所示。这张图展示了一个描述性的模型,其中时间被放置在横轴,区域经济发展水平被放置在纵轴。斜线L传达了经济发展是一个缓慢而艰难的过程,而F则代表了影响区域经济发展的各种力量,从i=1,2到n。作用力不仅限于拉力,还包括阻力。随着条件的改变,任何一种力都可能转化为拉力和阻力。拥有充足的资金、领先的技术、有力的政策、方便的交通都将成为推动经济发展的重要因素。相反,如果资金缺乏、技术落后,政策失误、交通不畅,则会对经济发展产生不利影响。

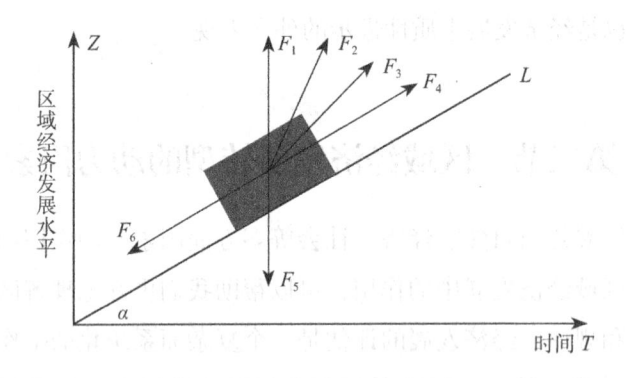

图2-2-1 区域经济发展作用力关系模型

本书综合经济学、地理学关于区域经济发展的理论思考提出分析区域经济发展模式形成与转型的分析框架,即"要素—环境"分析框架,如图2-2-2所示。

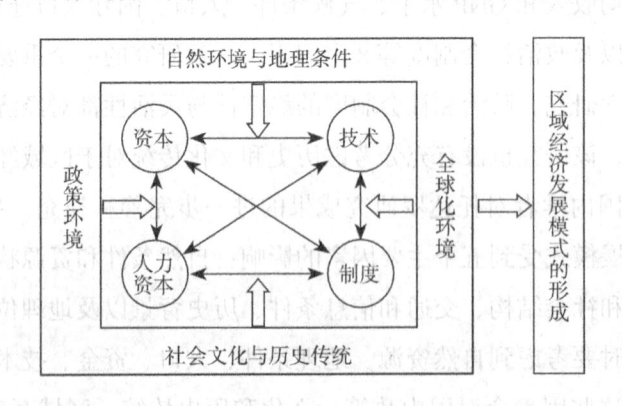

图2-2-2 区域经济发展模式形成与转型的分析框架

一、环境条件

（一）自然环境条件与区域经济发展

自然环境条件是指那些与人类所处的地理位置能够互相联系的各种自然因素的总和，因此亦可称为地理环境。本书所指的自然环境条件主要包括自然资源条件、地理环境条件和生态环境条件这三个主要方面。不同地区的自然条件和自然资源条件由于地域分异规律的作用存在明显的差异，各区域内部自然资源的分布也不是均质的。自然资源丰富的地区，其经济发展往往以资源型产业为指向。尽管区域经济发展对自然资源的依赖程度会随着交通条件与信息技术的进步逐渐下降，但社会中大部分制造业依然要依赖于原料、燃料的消耗，从事能源采掘、加工等工业的区域分工更是摆脱不了自然资源对产业的束缚，当自然资源枯竭或者被新的资源所取代时，便是该地区经济发展模式的衰退或消亡之时。可见，自然资源的区域差异对区域分工和区域经济发展模式形成与选择的作用仍然十分明显。

地理环境条件不仅包括自然资源分布，还包括区位及其所具备的交通条件，区位和交通条件也是影响区域经济发展水平与区域经济特征的重要因素。自我国改革开放以来，东部沿海地区依托其对外联系便捷的优势，实现了经济的率先崛起，受经济全球化因素的影响较大，而实行了依托外国直接投资、对外贸易的经济发展模式。中西部内陆地区的区位条件相对较差，信息交通相对较为闭塞，经济发展的内生型特征更为明显。

经济的发展是在生态环境基础上建立和发展起来的。良好的生态环境能降低经济发展成本，为经济持续发展提供动力；而生态环境遭到破坏之后，则将制约经济的发展。

随着可持续发展成为指导我国经济社会发展的基本理念，可持续发展这种创新性的经济发展理念更是得到全世界范围广泛的认可，世界上各大经济体在经济发展的进程中能够更加关注到生态环境在经济发展中的贡献作用。良好的生态环境将有助于资金和人才的吸引、生态要素的投入、生产技术的绿色革新、绿色产品需求市场的扩展，还有助于碳交易机制等促进经济发展绿色转型的制度保障等的形成。

（二）社会文化环境与区域经济发展

经济发展与社会文化环境存在着相互依存和相互促进的关系，经济发展使社会财富的数量和种类都有所增长为人民生活水平改善提供前提，而社会文化环境则为经济发展提供非经济力量支持，为经济发展提供价值导向，并在很大程度上主导着经济社会发展的方向。苏南模式的形成很大程度上受较为发达的商品经济、根深蒂固的农工相辅的经营传统，以及20世纪初较好的工业基础影响。另外，中华人民共和国成立前流入上海的"无锡帮"也给苏南乡镇企业的兴起带来了关键的技术、信息、设备和尤为重要的人际关系与市场网络。遍布苏南的大城市也使苏南地区成为社会主体文化的中心区，经济发展也深受社会主体文化的影响。其发展要素直接来自各级政府行政机构，厂房来自原农业用地，原始资金来自农业积累，流动资金来自信用社系统的农村信贷，管理技术人员来自各级行政人员和退休职工。同时，社会价值观也很大程度地支配着区域经济发展模式的选择，由于苏南人民心灵深处积淀着深厚的集体意识，当地居民兴办集体企业不仅是当地政府的选择，也是苏南人民价值观念和集体观念的结合。

与苏南模式依靠政府政策引导而显得较为"正统"相比，温州模式则有些偏离常规，其更多地利用传统技能和经验适应变化的发展形势和需求。思想观念上对个人成就的崇尚和重视，为温州私营经济发展提供了动力。由于耕地资源稀缺、人地矛盾突出带来的生存压力，以及重商思想和开放观念的沉淀，温州人也形成了白手起家、艰苦奋斗的创业精神，依靠自己的自主精神。温州人这种开放的观念与市场经济要求相契合，使得创业和竞争成为温州模式最重要的文化特征之一。温州模式，在一定意义上也可以说是温州人重商、言利的传统和人生哲学、价值观在改革开放历史条件下的产物。

（三）全球化对区域经济发展的影响

经济全球化、文化全球化和政治全球化作为全球化的三种重要组成部分，都在全球化进程中起到了不可或缺的作用，本书中所提到的全球化主要是指经济全球化。经济全球化被认为是通过科学技术的协作性创新、生产要素的规模性流动、管理制度的综合性融合而实现的，跨国公司、外资企业、跨国贸易的出现都是经济全球化的重要标志。经济全球化在地域空间上，使经济活动产生了一种较为复杂的二重性，即经济活动在地域上的空间分离和在全球范围内的高度整合。

作为经济全球化的核心，贸易自由化和国际直接投资极大地推动了世界市场的扩大和跨国公司的全球化布局。跨国公司在全球范围内布局研发、生产、销售，建立各种战略联盟、独资或合资企业，以及研发中心等，并最终形成一个由全球技术中心及其对应的高技术势能企业、区域技术中心及其对应的中技术势能企业、地方技术低地及其对应的低技术势能企业，以及这些企业之间的技术联系所构成的全球技术网络。外国直接投资、技术贸易、国际技术联盟，以及海外研发活动为主题的全球技术扩散，使得技术在全球范围内的流动与转移更加活跃，技术落后国家通过技术扩散与转移使本国技术与经济发展水平提高。可见，国际直接投资不仅实现了资本在全球范围内的流动和空间配置，也促进了资本在东道国内部的跨区域流动和空间配置，进而将促进当地经济的快速发展。

在经济全球化背景下，技术扩散和国际直接投资不仅促进了各国生产、贸易、投资、技术扩散等经济行为大规模的发展，还突出表现在对外贸易的蓬勃兴起。亚洲新兴工业化国家（地区）无一例外地将对外贸易作为经济增长的主要动力，进出口货物总额增长率与 GDP 增长率有着一定的相关性，可见，外贸也是区域经济发展的重要影响因子。外贸对于经济增长的作用，基本上被大多数学者所认同。

二、要素基础

（一）资金与区域经济发展

经济增长的实质是把本该用于消费的货币节省下来转化为投资，并在下一经济周期生产出超过投资的收入，因此如何增加储蓄并提高投资的收益率便成为实现经济增长的核心路径。较高的储蓄率通常为经济发展带来更多的投入资金，进而通过投资实现经济发展。投资与经济增长呈现显著的正向相关关系。将 GDP 增长率与投资率做简单的线性回归分析发现，投资每上升 1%，GDP 增长率将上升 0.117%，且在 1% 的显著水平上十分显著。

需要指出的是，高储蓄并不能完全意味着高投资，而高投资也未必一定会实现经济的高速增长。要想使个人储蓄转化成投资需要良好的金融体系为中介，将居民分散的资金集中到企业有效投资项目中。而经济政策及货币政策等因素也间接影响着储蓄转化为投资的程度和效果。除了本国资金投入以外，对于外资的引进和合理利用也是区域经济发展的重要因素。外资不仅带来了当地经济发展所需的资金，进而加快当地经济发展水平和提高生产力；同时，还使得当地享受到发达国家技术转移和扩散，使得东道国在管理水平上得到提高，并享受正向的技术溢出，促进产业结构调整，推动其进行国际市场拓展。动荡的政局、过高的通货膨胀率、对产权意识缺乏保护、高税收等外部因素都会影响本国投资积极性，也会影响外资进入性。

（二）技术进步与区域经济发展

所谓技术进步，从需求角度来看，就是使用相同的投入要素组合获得更多的产出；而从投入角度来看，便是如何以更少的投入要素组合来生产出同样的产出。

如果将资本积累当作内生因素来考虑，则长期经济增长就完全取决于技术进步，因为在没有技术进步的条件下，投资回报率对于经济体量将变得越来越低。对于经济欠发达地区，在经济发展早期进行大规模技术创新，其效率将会很低，因而更倾向于引进发达地区的先进技术。一个国家或地区的人均GDP越高，其出口产品的技术复杂程度越高（图2-2-3）。

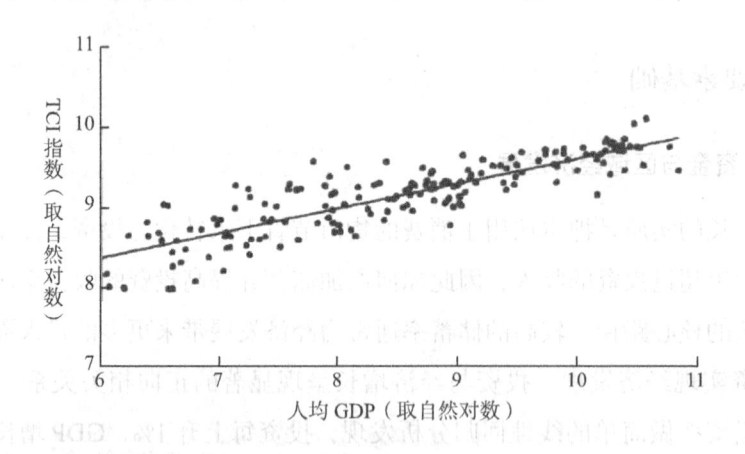

图 2-2-3 人均 GDP 和出口产品技术复杂度的关系

（三）人力资本与区域经济发展

狭义的人力资本主要指人的受教育水平与技能，而广义的人力资本还包括人体健康水平。人力资本作为区域经济发展的重要影响因素之一，自 1960 年以来，便成为学术界所关注的焦点，而新经济增长理论更是将它置于核心地位。当然，人力资本不仅仅是教育水平，还包括人的经验、组织与交往能力，它指的是一个国家或地区广义的人口素质。本书主要是从知识和受教育水平、健康状况来做一定探讨。

识字率每提高1%，人均GDP将提高4.8%，其效果非常显著。而通过对中国288个地级以上城市万人在校大学生数对数与人均GDP对数之间关系的分析，发现两者之间具有很强的共线性（图2-2-4）。在校大学生人数作为人力资本的重要指标之一，对于区域经济发展具有重要的正向影响。

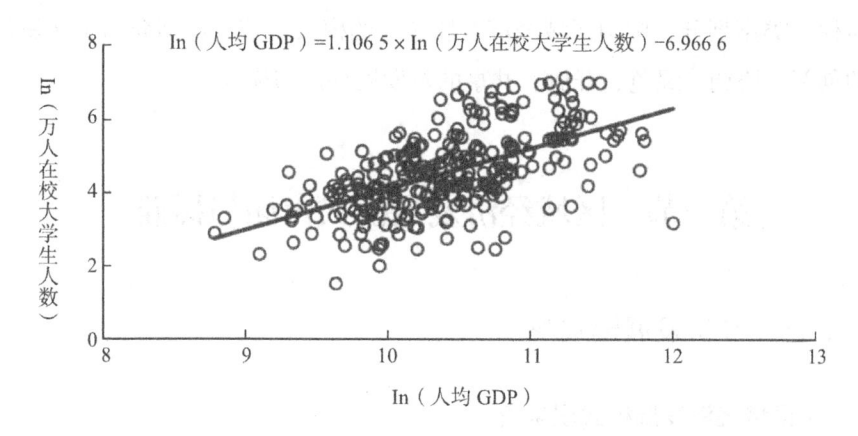

图 2-2-4　万人在校大学生数与人均 GDP 的关系

预期寿命是反映一国居民健康水平的重要指标。两者之间存在显著的正相关性，如图2-2-5所示。识字率、每万人在校大学生数和预期寿命与人均GDP之间的相关关系为区域经济发展因素提供了启示，也增加了对人力资本理论的信心。

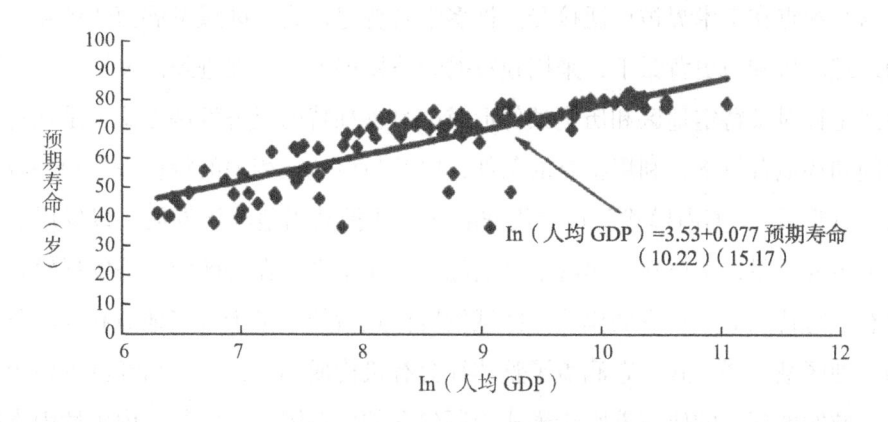

图 2-2-5　预期寿命与人均 GDP 的关系

第三章 区域经济发展模式转型

本章为区域经济发展模式转型，分为区域经济发展模式内涵与标准、区域经济发展模式类型划分、中国区域经济发展转型的模式三节，详细介绍了区域经济发展的创新、协调、绿色、开放、共享的新发展理念与模式。

第一节 区域经济发展模式内涵与标准

一、区域经济发展模式观

（一）区域经济发展模式观辨析

虽然学界在区域经济学研究中广泛使用"模式"或"发展模式"这一术语，但是至今仍没有达成共识的准确定义和研究领域。学者们在研究区域经济发展模式时主要关注以下几个方面。

1. 发展路径模式观

这个观点在学术界被广泛接受。许多学者普遍认为，区域发展模式涵盖在具体的地理区域和历史背景下，采用独特的经济发展方式来促进经济发展。区域发展模式是针对某特定地区和历史条件形成的一种独特的经济发展方式，是在特定的时间和环境背景下，利用特有的条件，以及与该地区相关的特色来推动经济发展的一种形式。"苏南模式"指采用非农化方式推动当地经济发展，以发展乡镇企业为主要手段，主要在苏锡常地区实施。上述定义旨在将区域经济发展模式归为具有独特特征的一种发展模式。区域发展模式指的是基于特定地域和环境条件下的一种区域发展方式。它涵盖了整体社会有机构成体，其中包括经济等各个方面。区域发展模式的研究着眼于模式中所包含的内在因素和路径。内生性因素指的是模式内部自身的因素,包括其内部结构、机制和动力以及与之相关的关系。区域经济发展模式是根据不同区域的内外基础条件,制定一致的发展目标,并确定必要的基本方法和主要措施,以及实现这一目标的方法。区域经济发展模式基于特定的价值理念和发展目标,以区域为空间尺度,利用特定的生产要素和保障措施,寻求实现区域经济发展的途径和方式。这种模式在适应区域发展的基础条件方面也扮演着重要角色。虽然发展战略和发展模式有不同的含义,但是前者是后者的重要组成部分。因此,一些专家使用发展策略来描述发展模式的意义。这个论点最初源自发展经济学领域,将"模式"定义为国家或地区在经济发展方面选择的方式和策略。综合以上发展路径模式观点,区域经济发展模式可以简单地归结为"实现一定发展目标的途径"。

2. 经济体制模式观

经济体制模式观是从构成模式的经济及其构成经济系统的各组成部分之间的关系和运行机制进行理解的。农村经济发展模式,是针对农村经济发展过程中独特的经济关系和运行机制所做的深入总结和描述。该模式相对稳定,并具有特色性质。民主、公平、国际主义等基本原则和价值观应该成为区域发展模式的重要组成部分,同时考虑到本国及国际环境的因素。经济发展模式是将各种不同要素有机地结合在一起,以确保整体经济顺畅运转的方式。经济发展模式是一个综合性的概念,其含义不是一种固定的准则。相反,它是指经济发展过程中所使用的具体方法,包括经济增长、经济政策和经济体制等方面。[①] 尽管这一想法不太符合经济体制模式观的范畴,但是它明确强调了经济体制和经济政策的重要性。

3. 经济要素模式观

持该观点的学者认为,区域经济发展模式应探讨区域内生产要素的存在、配置方式及生产力发展的方向、速度和水平。经济经验模式观的学者认为,模式就是对经济方面"实践经验"的概括。经济模式是对经济发展实践的经验进行总结和归纳,以及相应内容的理论解释的经验性理论。通过一系列经济指标的组合来评估一个时期的经济发展模式,反映出该时期经济发展状况的主要特征。这些数据包括 GDP 增长率,通货膨胀率、失业率、劳动生产率等。模式包含着这样两层

---

① 李若谷. 世界经济发展模式比较[M]. 北京:社会科学文献出版社,2009:17.

含义：模式是对在世界范围内出现的不同经济发展类型的界定；是在一个大空间中对多因素相互作用构成整体的认识和把握。

4. 可持续发展模式观

这个观点认为，模式是社会实现全面和可持续发展的过程。随着全球化趋势的不断加强，人们将现代化视为一个综合性的社会目标，其目的在于促进社会全面和可持续的发展。区域发展模式注重保护和优化生态系统，强调生态系统内各要素之间的良好互动，以此为基础培养区域的核心竞争力。为了实现经济社会子系统和生态环境子系统的协调发展，区域开发应遵循科学发展观的指导思想，注重生态文明建设，推进无形要素（如知识、技术等）为主要驱动力的经济增长，以达到更好地促进和谐发展的目标。和传统的区域经济发展模式相比，基于生态文明的发展模式更注重保护自然环境和人类福祉，强调经济发展的质量而非数量，重视无形的投入和区域间的协作共赢关系。为了实现可持续发展目标和转变发展方式，必须改善经济发展模式，升级发展理念，从而改变发展做法。

人类经济发展模式正在由线性发展模式向循环经济发展模式转变，与"自然资源—废弃物"或"自然资源—产品—废弃物"式的线性发展模式相比，循环经济发展模式将生态系统和经济系统看作一个整体，实现物质流、能量流在人类与自然之间循环流动（图 3-1-1）。

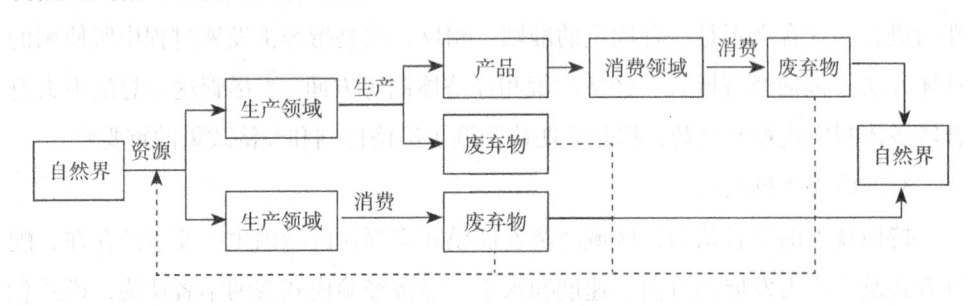

图 3-1-1 人类与自然相互作用机制

5. 空间格局模式观

另外，还有空间格局模式观，不同地区的综合开发顺序和开发强度取决于其区域经济发展模式，包括资源、市场和区位等因素。此模式也决定了不同区域的崛起先后顺序和方式。中国当前正处于一个关键转折点，各个地区的经济正在从不平衡向相对均衡的方向发展，这一趋势具有重要的意义。这些观点实际上从空间角度探讨了区域的布局与发展,其基础理论包括劳动地域分工和生产布局。这些学者将区域的发展实践和理论相结合,从中推导和构建了一套适用于区域发展的布局模式。在考虑不同地区的发展需求时,可以采用多种模式来实现,如增长极模式、梯度推移、跃进式发展以及点轴开发等。

(二)不同学科模式观的辨析

自 30 年前起,区域经济发展模式已经成为学术界和社会公众广泛研究和关注的对象。一般来说,人们对区域经济发展模式缺乏明确的态度。当某一地区经济蓬勃发展时,往往会成为其他地区效仿的榜样,从而引发各地出现多种不同的发展模式,而学术界在区域经济发展模式的观念上也存在较大差异。因为学科领域、时代背景,以及研究立场的异质性,学术界对于区域经济发展模式的看法存在极大的分歧。学科角度和立场的不同常常造成广泛区域经济发展模式的泛滥和研究成果的不清晰。

虽然我们难以确定哪位区域经济学者最早提出了区域经济发展模式,但是前文已经提到过,这些学者都是最早关注区域经济发展模式研究的先驱者。区域经济学者更强调"经济关系与经济运行机制""生产要素的配置方式"等内涵。可以发现,区域经济学家的模式观点更注重解决与经济有关的核心问题,如要素配备和生产关系等方面。在研究区域经济发展模式方面,区域经济学学者必须扮演更加关键的角色。

二、区域经济发展模式内涵的界定

区域经济发展模式是为了找出区域经济发展的规律,从而指引其向更合理的方向发展。这个学科的目的是防止在经济决策中盲目行动,凭空想象。制定的发展政策和管理措施需要遵循区域经济发展的内在规律。通过科学分析和研究,可以更好地促进区域经济的可持续发展。

既然"模式"的概念已经被广泛接受,因此我们能够轻松地确立"区域经济发展模式"的内涵。一个名词应该具有明确的定义。许多学者从各自的视角理解区域经济发展模式,并试图将他们的理解套用到该概念中,这导致了概念上的差异。分歧的产生可能是因为不同学科领域或者立场观点的差异,同时也可能是因为许多学者缺乏与其他学者或者不同学科之间进行充分交流和沟通的机会。因为一开始的观点根本不一致，所以后续的交流也毫无意义。核心在于区域经济学的内涵界定，关键词为"经济发展"和"区域"，应从区域经济学的立场出发，以避免由于不同观点而导致的意见分歧。当然，不能忽略"模式"这个关键词，因为它是界定概念的至关重要的组成部分。如果没有考虑到背景语境，那么就可能会导致意义混淆，这可能会让人们误解为类似于"区域经济发展方式"等概念。

尽管掌握区分模式的客观标准非常困难，但我们可以排除那些偏离常规标准的所谓"模式"。许多所谓的"模式"都是在特定的时间和条件下出现的，有些甚至是偶然发生的情况。随着经济的发展，这些情况被标注上"模式"二字，成为各地的发展典范。这种方法存在明显的倾向性，且涉及形而上学上的错误。因此，我们需要重新考虑区域经济发展模式的内在含义。我们不能去偏离"模式"本身的意义，而是应该重新回到经济发展和区域特征的层面关注。特定的时空背景下，某一地区仰仗其生产要素和生产关系，采用一种独有的经济发展方式，促进经济高速增长，并具有强烈的示范作用，可以在一定程度上为其他区域提供借鉴和启示。换句话说，就是一种能够为其他地区或国家提供有益启示的经济发展模式。这一定义整合了发展轨迹模式观的核心理念，并综合了经济体制模式观、经济要素模式观、可持续发展模式观等相关领域的最新研究成果。某种模式是由多种因素在一定时间和环境条件下相互作用而形成的。除此之外，特别突出了模式具备了"范本""模范"等意义和特质，强调了区域经济发展模式是通过对各种经济现象和特点的系统概括和综合分析来达成的。

三、区域经济发展模式相关概念辨析

当研究区域经济的发展模式时，难免会面临一个避免不了的难题，即如何确切地定义经济发展模式。这个概念可以用多种类似的术语来表达，比如经济增长方式、经济发展方式、经济发展道路等。这些概念的出现有一部分原因是国外和中文的翻译差异，另一部分原因是中文语境下的词义相似，而且在学术界对这些概念的理解上还没有达成一致，这导致了对区域经济发展模式的界定标准也有所不同。与"中国经济发展模式"命题相比，"中国经济发展道路"或"中国经济发展方式"可能是对当前中国经济发展经验性认识的精确表述。经济发展模式、经济发展道路和经济发展方式这三个词看似相似，但它们实际上具有截然不同的含义。因此，我们应该小心谨慎地使用它们，以免误导对于"经济发展模式"概念的理解。在这种情况下，需要对区域经济发展模式相关的术语进行澄清和定义。

（一）经济增长方式

在经济学的范畴中，经济增长是指借助有效的生产资源配置方式，从而提高实际生产率的过程，通常通过实际 GDP 的增长来衡量。经济增长方式是指在促进经济增长的过程中，生产要素使用的投入和组合方式，以及它们之间的相互作用方式。根据各个要素的不同安排方式以及对环境影响的程度，我们可以将经济增长划分为两种模式：高耗能、高污染的粗放型经济增长和低能耗、低污染的绿色增长。由于技术水平较低的工业发展初级阶段的历史必然性，粗放型增长阶段几乎是所有国家的工业化共同经历的。如果尽管具备达到必要的经济和技术条件的能力，但仍然坚持粗放型的经济增长方式，那么这将与经济发展的目标和规律不符。经济增长模式的改变意味着我们需要将重心从过度依赖物质资本（例如资金和资源）转移到更注重人力资本、劳动力素质以及技术进步等无形要素。

（二）经济发展方式

经济发展方式是对经济增长方式的进一步发展和演化。经济发展强调的不仅是经济增长，还包括经济结构改革、技术进步、社会进步以及环境保护和改善等多个方面，更具有综合性。而且，经济发展更注重基于经济增长的"质"的变化。假若将经济增长仅视为单一目标，那么经济发展就呈现出多重目标的特点，其中蕴含着对社会、环境以及文化等方面的新约束措施。经济发展方式是描述经济增长过程中生产要素组合方式的概念。这个概念也可以理解为经济发展的方法、手段和模式，以便描述经济发展特点和总体性质。为了实现经济系统的理想状态或目标状态，必须遵守一系列规范。这些规范所涉及的方面很多，包括但不限于经济发展的动力、结构、质量、效率、就业、分配、消费、生态和环境因素，等等。由此我们可以得出结论：将经济增长模式转变为经济发展模式的原因可能是要素组合方式的改变，这是由于资源条件发生变化导致的，也可能是由于目标约束条件的变化引起的。

(三) 经济发展道路

经济发展道路是一个具有较强政治含义的概念，它强调的是经济在一定的政策指引下的发展方向，相比于经济发展方式，经济发展道路更具有宏观和总体性的特点。这一经济学思想与中国的实际情况相契合，有针对性地解决了我国发展过程中遇到的矛盾和问题，并及时跟进国际和国内经济发展趋势，为引导经济发展提供了富有价值的战略指导。近年来出现了一些词汇，它们具有鲜明的政治意义，例如可持续发展道路、中国特色社会主义发展道路、市场经济道路，低碳经济发展道路等。这些词汇都强调了在发展过程中重视环保和可持续性的重要性。当前，我国正沿着中国特有的社会主义经济发展道路前进。这条路是在充分考虑中国实际情况和马克思主义基本原理的基础上，经过不断地探索和实践而形成的。

(四) 相关概念的比较

通过对比分析经济发展模式和其他三个相关概念，我们可以发现它们在意义上有很多相似之处。在国内，许多学者常常将经济发展模式、经济增长方式和经济发展道路这三个概念混在一起使用。虽然这些概念在语义上有相似之处，但在经济学研究的实质层面，它们具有显著的差异。从经济增长方式、经济发展方式到经济发展道路的差别在于具象与抽象、宏观与更宏观；而经济发展模式则是对经济发展的内在机制、基本特征规律性的概括。它是充分吸收了现代经济理论中发展战略模式、经济发展机制、经济发展源泉等相关范畴之后的概念，是经济理论界和决策层的集成创新成果。当然，模式也有不同的层次和类型，可以是具体的模式，也可以是抽象的模式。这里所说的区域经济发展模式是一个概括性的抽象概念，而出口导向模式、进口替代工业化模式等则是更具体的实现方式。

从强调的目标上看，经济增长方式主要强调经济总量的增加，经济发展方式则兼顾经济、社会、环境综合目标。在经济发展模式的描述中，一般都要突出经济增长的重要性。我国一直秉持着传统的三大经济模式，但如今这些模式正逐渐转向关注实现区域经济和社会的可持续发展目标。由于宏观经济发展路线的特点，其重点在于确定国家或地区经济发展的总体目标和方向。无论是在微观的产业园区，还是宏观尺度的国家层面，经济增长方式和经济发展方式均具有广泛的适用性。然而，"经济发展道路"这个概念还具有更广泛的含义，因此更适用于描述宏观范畴的领域，如中国的特色社会主义经济发展道路。经济发展模式常用于对比各国经济情况，主要总结和描述一个国家或更大的地区的经济发展特点，例如，泛拉丁美洲模式和东亚经济模式。此外，它还可适用于省级、市县级等较小范围内，如苏州模式、温州模式等。政策的含义会依据不同的概念而有所变化，经济增长方式和经济发展方式用于评估经济增长或发展达成目标的效果。引导宏观经济发展方向是经济发展道路的一个重要作用，能为国家经济提供决策依据。经济发展模式是对经济发展规律的总结，对其他地区的经济发展会有启示作用（表3-1-1）。

表 3-1-1 区域经济发展模式相关概念比较

概念	目标	使用空间尺度	政策含义
经济增长方式	单一经济目标	国家、省市、产业区等	经济总量单一目标约束下的生产要素组合方式；刻画并检验经济增长绩效
经济发展方式	经济、社会、环境等多目标	国家、省市、产业区等	多目标约束下的生产要素组合方式；检验经济发展绩效是否满足多目标约束的要求
经济发展道路	总体发展目标	国家	引导宏观经济发展方向，提供国家经济决策依据，明确国家未来经济发展道路
经济发展模式	经济目标为主，兼顾综合目标	国家、省市	找出区域经济发展的规律，指引区域经济向更加合理的方向发展；为其他地区经济发展提供借鉴

四、区域经济发展模式的衡量标准

多种新模式出现的原因在于缺乏统一的衡量标准，如阜阳、南街村和耿车都提出了自己的模式。其中，许多人因为从众心理的影响而没有经过深思熟虑和辨别，将"模式"误解为时尚的标志。这种情况在科学界中很常见，使得"模式"这个概念被错误地解释、滥用，甚至被不适当地使用。这一现象可以总结为两个方面的原因：一是将"模式"看作是一种榜样和典型，作为可以广泛被效仿的对象。显然，这种推论方式不能得到普遍适用，因为它没有考虑到不同地区的资源分布、历史文化和社会经济发展水平的差异。应该谨慎使用"模式"这个词。应该注重根据具体情况进行调整，采用多种不同的方式。中国地域辽阔，各地的自然环境、社会文化以及经济发展水平存在巨大的差异，因此单一或有限的几种模式并不能满足实现社会主义现代化的需求。同时，也没有一种普适的经验可以应用到所有地区。因此，各地需要根据自身独特情况来灵活选择适合其发展的模式。二是将不同地区的发展经验概括成规律，这意味着可以从一个地区的发展经验中归纳出适用于其他地区的发展规律。这种观点认为事物本身就代表了一种模式，且以特殊情况推论出一般结论的方法是有问题的。因此，在看到某个地区相对较为发达时，便将其当作一个模式来看待，这种做法导致许多不同的"模式"出现。这不仅是被广泛应用于各个地区的经济发展现象，而且也给区域经济发展模式研究带来了混乱。很多所谓的"模式"缺乏特点。尽管将地名和模式组合在一起可以是一种解决方式，但研究人员并未系统地评估模式的质量标准。

如果没有一个明确定义的标准，那么就很容易利用"科学"的名义来推广自己的世界观和价值观。因此，就必须确立区域经济发展模式的准则，也就是哪种模式才可以被归类为区域经济发展模式。制定区域经济发展模式标准的初衷是希望能够客观地衡量该模式的发展情况，然而，仅仅使用单一的指标或标准并不能真实、全面地描述该模式的实际复杂状态。一种成功的经济模式需要满足三个基本条件：首先，它必须有一个明确的内涵和主体；其次，这种模式被构建出若干基本要素，每个要素都在其中占有一定的地位并起到一定的作用，通过一定的方式相互关联；最后，该模式具有理论性，它可以简化或从复杂的实际事物中抽象出关键的特征，从而解释事物的本质。该定义为本书提供了一定的借鉴，区域经济发展模式的确定标准应该包括以下三方面：经济发展具有可持续性；发展模式具有示范性；发展模式具有一定边界性。

首先，经济发展可持续性是确定其能否被称为模式的核心标准。可持续性经济发展是衡量其是否具有示范效应的主要标准。如之前所提到的，"经济发展"是一个核心词汇。如果这种发展缺乏成长性，那么所谓的模式也只是空话而已。各地区典型的经济发展模式都是建立在长期稳定的经济发展基础之上的。尽管部分研究也强调中国经济发展模式应由增长优先发展战略向增长与公平并重转变，但始终没有脱离对经济发展的重视。另一方面，还要确保在实现经济增长的同时，不会对环境和社会造成不可逆转的损害，以保证经济发展的可持续性。此外，随着低碳经济、可持续发展等理念的深入人心，一个地区的经济发展还需要兼顾生态环境效益的提升，正如崇明模式的提出，要更加强调经济、社会和生态环境的协调发展。

其次，鉴于模式的内涵，区域经济发展模式还应具有示范性。学术研究和理论探讨中的"模式"的含义更接近"类型""典型"的意义，而不是"模范""榜样"。这两种观点均存在一定的局限，如果一种模式仅是一种典型，就像"橘生淮南则为橘，橘生淮北则为枳"的极具地域性的典型发展模式，那么便失去了模式可供研究和参考的意义。在社会经济层面，我们常常听到"典型""榜样"和"模范"等概念，这些都是指褒义的经验总结，可以供其他地区参考和借鉴。尽管在实际工作中，尤其是在基层地方工作时，人们往往会采取简单的模仿和学习方法来追求快速成功。同时，部分理论工作者过分强调"模式"作为"范本"的含义，仅从纯学术和理论的角度来看待。我们必须了解一种模式发展的背景和条件，不能盲目套用而忽略自身实际情况。由于农村地区的差异性，不同地方的农民所处的情况各不相同，因此它们的致富方式也有所不同，这导致了独具特色的发展模式的形成。对于一种区域经济发展模式来说，我们需要的是探讨它的通用性规律，而非简单地照搬。因为通用性规律是可以相互参考的。虽然各个地区的经济发展模式具有个性化的特点，但是它们也存在着共性的内容，这种共性正好融入个性化的模式之中。模式研究是以个性为基础，探索个性中具有普遍性的元素。其他地区可以从个性中所包含的普遍特征中获得启发与借鉴。因此可以得出结论，对于区域经济发展模式的研究，应当关注多种类型的特点，避免过分强调某一种类型的代表性和示范作用。仅在满足一定条件的情况下，特定地区的经济发展模式才有可能被其他地区所借鉴和复制。否则，将这一模式生搬硬套到其他地方就会犯形而上学的错误。除此之外，要求该区域的经济发展模式不仅必须先进，而且在经济、技术、社会和环境等方面的水平高于其他国家和地区，从而领导和推动发展模式创新进程。相反地，很多国家或地区采用针对特定地区的学习方式，以掌握进阶编码技巧和暗含的知识为基础，并逐步推进区域性的创新、学习和合作，以促进区域经济发展模式的扩散。

再次，区域经济发展模式具有一定的边界性。区域经济的发展受到众多环境要素影响，这些要素有自然、社会文化、全球化趋势以及政策等。此外，要素基础的重要性也不可忽视，如资源、资金、人才、技术和经济制度等都对此起到了关键性的作用。假设某个地区的经济发展"模式"只能在该地区独特的环境和因素条件下实现，无法在其他地方复制，那么这种模式就不是通用模式，因为关键因素和环境条件无法完全移植或复制。无可否认的是，"中国模式"中存在着一些可普遍应用的优点，这些优点可以在应对现代化问题和推动国家崛起方面发挥出极其高效的作用。但是，这并不意味着其他发展中国家可以直接照搬。"中国模式"在社会主义市场经济、传统东方文化和改革开放的基础上得以确立，并成功地发挥了生产力的最大潜力。区域经济发展模式是一种具有"普世性"和"普适性"的模式，在一定条件下可以为其他地区提供借鉴参考。当然，在满足一定条件的前提下，还需要克服由区域经济发展模式形成引起的"限制"。这些条件包括要素和环境的组合等方面。

第二节 区域经济发展模式类型划分

根据之前的论述，我们得出一个结论：国内对于区域经济发展模式的分类标准不够统一，导致我们很难深入研究区域经济发展模式。如果我们不能解决这个问题，那么这个研究领域就会一直被限制在无限的重复命名和创造新的模式上，无法得到实质性的进展。除了依据行政区划来界定区域经济发展模式，还有必要进行更深入的理论分析，以揭示各种模式的本质属性、分析它们之间的根本差异。这不仅需要超越表面的描述和总结，还需要深入思考和探究。此外，应避免轻率地使用重复的模式命名，或者在类似情境下对不同的模式命名不同的名称。

人们通过概念化和分类来认知外界事物，只有透过这种方式才能真正认识和了解它们的性质。人们对外部事物本质的认知，需要通过重新组合和构建来实现，而不是简单地、机械地描摹。因此，在研究区域经济发展模式时，我们需要更注重它的内在本质特征，避免在概念和命名上纠缠不清而无法深入探讨。由于各种分类方法的多样性，区域经济发展模式的分类变得混乱，而不同学者从各自独特的角度进行的分类方法使得分类工作更为困难。为了划分区域经济发展模式，我们需要确立一个共同的分析框架作为准则。

一、区域经济发展模式划分的机理

研究区域经济发展模式需要客观评估和准确理解其内涵和机理，同时需要建立在一定的理论基础上。人们认识外部事物的本质，并非机械地描摹，而是通过重新组合和构建来实现的。在研究区域经济发展模式时，应着重考察其固有特性，避免纠缠于概念和表面现象上的无意义讨论。

理论并非凭空想象，而是来自对现有研究的总结归纳，并用现实案例进行证实。要素、制度一直是经济学和地理学所关注的重要领域。根据新结构经济学的理论，经济的增长取决于资源配置结构和市场、政府的作用。根据马克思的理论，经济的演进是由技术进步、分工专业化、市场拓展和制度变革这些因素相互作用、相互促进，从而不断加强自身的内在发展过程。资源要素可以通过技术加工转化，而生产关系则体现在制度中。马克思主义的经济理论强调了分工与交换在经济发展中的关键作用，这表明他们已经开始意识到关系对于经济发展的重要性。

根据路径依赖理论专家的观点，区域经济的演变过程不仅取决于技术路线，也取决于制度和关系路线的依赖程度。随着全球经济的日益一体化，我们不仅需要关注本地因素对区域经济发展路径的影响，还需要认真考虑全球因素对路径依赖理论的影响。因此，在区域经济发展演化中，需要重视地方与全球之间的相互关系。在某些情况下，过度依赖既定的决策路径可能会带来锁定风险。这种风险分为结构锁定、政治锁定、认知锁定，这种情况有可能导致技术、制度或关系等方面形成路径依赖。根据这一理论，我们可以画出一个图表（图 3-2-1），来展示区域经济发展模式如何随着路径依赖和路径创造的相互作用而演化和创新。

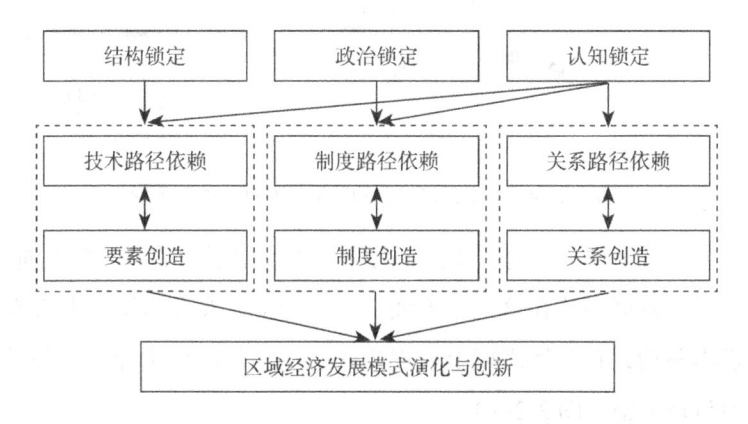

图 3-2-1　路径依赖与区域经济发展模式演化

根据经济增长理论，一个地区的经济增长是由资本、技术、人力资本和制度等因素的综合影响所决定的。区域经济的发展离不开关键要素，如资本、技术、人才的支持，同时政府的管理能力、对社会的控制和引导以及市场化水平等制度因素也会对资源配置和利用效率等方面产生重要影响。可以说，制度是各种要素配置状况的"骨干"。通常情况下，一个健全的制度体系能促进人力资本和技术进步的发展，从而支持经济增长；相反，一个不够健全的制度体系则会限制经济增长，并成为制约因素。制度不仅在直接影响区域经济发展方面起作用，它还会通过影响投入和配置生产要素的方式来促进区域经济的发展。区域经济发展模式的一个重要特征就是要素配置的状态。经济发展的地域性会受到两方面因素的影响，一是内生力量，另一则是外生力量。内生型模式主要依赖于本地资源和市场，而外生型模式则是利用全球市场来实现资源的配置和利用。随着经济全球化的趋势不断增强，各种要素的流动速度加快，这使得每个具备实力的区域都可以更广泛地组织和利用各种要素，从而促进区域经济发展模式的形成和演变。而区域内不同利益相关者之间的关系则成为这一过程中至关重要的驱动力。区域经济发展模式是在要素、制度和关系三个方面的协同作用下形成的（图3-2-2）。本书系统地归纳了区域经济发展模式类型，主要从三个方面进行了分类。

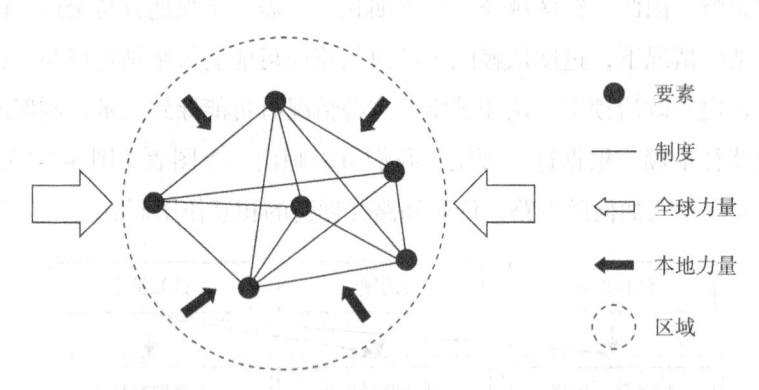

图 3-2-2　区域经济发展的要素、制度、关系示意

研究区域经济发展模式时，我们主要从要素、制度和关系三个方面进行分析，不同地区的经济发展模式在这三个方面都具有特征。在要素维度上表现为资源驱动与人力资本驱动，在制度维度上表现为政府主导与市场主导，在关系维度上表现为内生型与外生型（图3-2-3）。

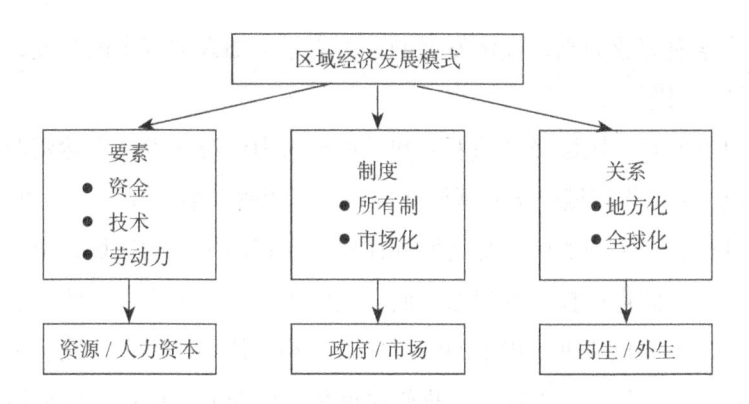

图 3-2-3　区域经济发展模式类型划分机理

二、区域经济发展模式划分的三个维度

我们可以将区域经济发展模式划分为三个方面：要素、制度和关系。然后，我们可以根据资源驱动和人力资本驱动、政府和市场关系以及内生和外生关系三个方面进行更加详细的分类。

（一）资源驱动与人力资本驱动

当前，区域经济发展模式的研究主要集中在所有制和内外部联系等方面。就区域经济发展模式的转变而言，从产业转型的角度来分析还不够全面。把模式分为资源驱动模式还是内涵集约型模式，对于分析该模式所处的经济发展阶段，分析区域经济发展模式演化升级具有重要意义。

要提高最终产品的生产和服务水平，区域经济发展模式的关键在于确定最优的要素投入方式。区域的资源环境直接影响着区域经济的兴衰。一般而言，资源丰富的地区通常会把重心放在开发和利用这些资源上，以推动当地的经济和社会进步。这些区域通常拥有丰富的自然资源，因此当地产业结构的主导地位通常是由采矿、农牧业等第一产业及相关的原材料加工业等产业决定的。此外，人们也普遍认同物质财富的重要性和对自然资源的依赖性，呈现出靠天吃饭的思维模式。优越的自然资源条件，特别是丰富的矿产资源对于工业初始和经济增长具有至关重要的作用，那些较早实现工业化的国家往往享有丰富的资源优势。但是，还有一些地区自然资源缺乏，却往往在经济发展中处于领先地位，如国外的日本，这类地区更多地依赖于人力资本的推动，企业家精神、组织管理水平、科学技术水平、劳动力素质等成为当地经济发展的关键力量,如人力资本的开发,缓解了自然资源短缺的问题。

显而易见的是,区域经济的发展和转型与人力资源开发及自然资源禀赋密不可分。因此,可以将区域经济发展模式分为"资源驱动型"和"人力资本驱动型"两种,每种模式在不同的区域都能发挥作用。在资源丰富的区域,由于制造业部门在人力资本方面存在投资的门槛,而一旦资源部门成为当地经济发展的主导部门,便会导致工业化演进过程中的沉淀成本与路径依赖的形成,以及工业化对资源功能的锁定效应等。综上所述,推崇过度依赖资源开发的区域发展模式会对人力资本的积累造成负面影响,导致人力资本被排挤,形成不利局面。这表明,如果主要依赖自然资源的发展模式得不到改变,可能会对生态环境造成压力,并妨碍无形资源的生成和聚集。换句话说,资源型经济会因为人力资本缺乏而无法转型,因为人力资本的不足导致要素构成、产业构成和制度变革受限,从而限制了经济发展方式的多样性(图3-2-4)。而推动人力资源的经济模式则依赖于发展人力资源,结合科技、管理等因素,并不断提升人力资本质量。以上两种模式分别表征了区域经济发展所依赖的两个方面,即资源或人力资本。前者更注重自然资源的开发利用,而后者则更加注重科技创新、组织管理能力以及人员素质提高。在这两个因素相互交织的影响下,几乎所有地区都有它们独特的位置。温州模式是一个典型的以人力资本为驱动的经济模式。当地的人口众多而土地资源有限,但这也正是促使当地形成商业传统和创业精神的重要因素。鄂尔多斯和东营等城市依托其丰富的资源,因此获得了繁荣发展的机遇。由此,这些城市的区域经济发展模式呈现出受资源驱动的特征。

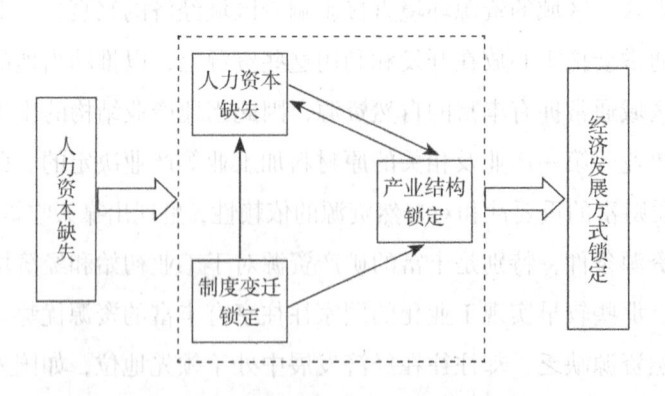

图 3-2-4 人力资本缺失与资源型经济锁定

与粗放型和集约型增长模式的概念不同，本书所涉及的资源型产业属于广义概念。因此，无法断言资源驱动型或人力资本驱动型有绝对优劣之分，它们只代表了某一时期、特定地域的经济发展模式的方向选择。资源型产业不一定是完全粗放型的，与之相反的，以人才资源为驱动的产业也不一定更为集约。尽管钢铁产业的生产需要大量使用煤炭和铁矿石等资源，但在某些方面，该行业的技术水平可能比电子产品装配制造等产业更为先进。即便加拿大和澳大利亚的经济主要以资源为支柱，它们的经济发展水平仍处于全球领先的位置。我国的上海市和天津市是以钢铁和化工等资源型产业为支柱推动经济发展的，这两个城市的经济实力在国内处于领先地位。行业的先进程度并不是绝对的，它取决于技术和人力素质等方面的因素，这些因素也会导致各行业对资源依赖程度不同，从而产生差异化的经济发展模式。

（二）政府导向与市场导向

多种因素相互作用共同促成了区域经济发展模式的产生。政府和市场都对模式的形成和演变产生了影响。这导致了两种发展模式的出现：一种是由政府主导的发展模式，称为"自上而下"；另一种是由市场完全主导的发展模式，称为"自下而上"。虽然我国常常采取两者的折中方式，但无可否认这两种模式确实存在。政府主导的经济发展模式是指由政府、国有企业及政府性质的团体发挥主导作用，在经济领域中有意识地进行计划、决策和安排，以达到促进经济发展的目的。它采取不同的经济政策和法规，实施对经济的计划和指示，规划经济发展和管理人口等措施，以干预和促进经济活动，从而为经济繁荣作出贡献。这些政策被认为是区域经济发展中必不可少的工具和手段。市场力量是由私营企业、非官方经济组织和外国企业等社会机构所构成的一股力量。市场是一种隐蔽的动力，它通过协调供需和经济指标的方式，管理社会资源并促进经济活动。在区域经济发展中，市场发挥着重要的作用。中国农村工业化模式可以分为市场主导型模式与政府主导型模式。苏南地区的经济发展主要依赖于政府的支持和推动，即"政府导向型经济"，尤其是在促进农村工业化方面。地方政府以资金、土地、劳动力市场等行政手段为支撑，发挥着至关重要的主导作用。温州模式的特点是市场主导型，即以市场为导向的模式。在温州，许多家庭自主经营的产业已经成为乡镇企业的主要构成形式。这些家庭企业通过地方性的民间市场体系，包括消费品市场、生产资料市场、资金市场、技术市场和劳务市场,与生产销售体系相联系。在温州市场自发的作用下,形成了以小商品生产为主的经济发展模式,同时相关服务业也得到了发展。这种模式中,"看不见的手"发挥了重要的作用。

在确定某种模式是"政府导向型"还是"市场导向型"时,至关重要的是考虑该地区在与上级政府的权责关系中所扮演的角色。在中国从计划经济体制向市场经济体制转型的过程中,地区经济发展模式的关键因素在于上述关系的建立。

另一个考虑区域经济发展模式是否属于"政府导向型"或"市场导向型"的维度,是评估其所有制结构。因为不同地区的制度环境不同,各地的经济主体扮演的主导角色也会有所不同。在苏南地区,乡镇企业的经营管理职责通常由乡镇政府承担,而温州地区的私营企业则一般由企业主独立运营和掌控。在政府引导的模式下,政府具有巨大的影响力,导致国有经济(包括国有控股经济)和集体经济在所有制结构中占据了相当大的比例。在市场取向的经济模式下,企业的所有权结构更加丰富多样,外国投资、股份合作和私营企业的比例更高。

(三)内生型与外生型

从20世纪80年代中期开始,全球化和新自由主义发展模式逐渐兴起,其中一些地区,如东亚地区,经济急剧增长,人民的生活水平得到显著提高。自1978年改革开放以来,中国不断深入参与全球化进程。1992年邓小平"南方谈话"以及2001年加入世界贸易组织的举措,进一步促进了中国与世界各国的融合。中国的惊人崛起于沿海地区率先开发,而政府、国际资本和地方的相互作用则在权力下放、市场化和全球化方面,为中国各领域的发展和转型提供了推动力。中国的经济增长模式是基于市场经济推动的,通过积极引进外资并开放国内市场的方式实现的。此外,我国还利用低廉的劳动力成本,在全球经济中扮演了重要的角色。中国正致力于摆脱以成本优势为基础的竞争模式,向着通过寻求优质原材料和注重高附加值的领域转型,提升制造业水平。中国之所以能够实现工业快速发展,是因为国内市场庞大,对于外部原材料和组件的需求量也非常高,这推动了整个工业的迅速增长。

为了精准了解地区工业化过程中的因果关系,需要确认哪些变量是由内生因素所导致的,哪些是由外生因素所导致的。在考察区域经济发展模式时,我们需要将各种因素进行分类,并找出哪些是内生因素、哪些是外生因素,确定哪些因素更加重要。内外因素都可能影响环境和条件，内生因素是本地环境的一部分，外生因素则来自全球。虽然本地可能存在条件不足的情况，但可以通过获取外部资源来满足需求。根据区域经济发展模式内外生关系的说明，我们可以将经济因素分为内生变量和外生变量。这两个变量之间的联系可以用于判别模式是否为内生型或外生型。经济发展模式可以从经济资本来源和贸易结构两个角度进行分类，而这两个角度都围绕着一个核心问题展开，即经济发展是靠内生力量还是外生力量发展。

苏南模式被认为是内生型区域经济发展模式的代表。苏南模式的形成机制主要涉及当地的资源，包括积累的资金、开发的人力资源和建立的社交网络等。这些机制从本质上展现了苏南模式具备的"社区所有制"特征，而珠江模式是典型的外生型模式代表。自20世纪80年代初以来，珠江地区以改革开放为契机，快速地成为国内重要的经济开放区域之一。随着经济特区不断壮大，该地区吸纳了许多外部资源，包括资金、技术、人才、设备和市场等，这些资源积极地参与当地经济活动的发展。利用地理优势与我国香港接壤的东莞、顺德等地区，采取"三来一补"政策和发展加工贸易业务，以"外生型模式"为主。也就是通过吸引国外资金和管理技术，利用本地资源和人力，通过全球销售，发展当地产品。一般来说，沿海和边境地区更倾向于采用外生型的发展模式，而内陆地区则更倾向于采用内生型模式。随着全球经济一体化的逐渐深入，信息、交通和通信技术的不断提升，外生型模式将越来越成为主流。

三、不同区域经济发展模式类型划分标准

（一）要素维度划分标准

在区域经济的起步和发展阶段，资源和人力资本是至关重要的因素。自然资源的开发和利用具有潜在进经济发展的作用。在20世纪60年代之前，普遍认为自然资源在区域经济发展中拥有明显优势，但随着老工业基地出现了"问题区域""荷兰病"等现象，人们开始质疑资源经济的可持续性，并开始就资源对区域经济发展的作用展开讨论，探讨其起到了促进还是阻碍的作用。这已经成为学术领域研究中一个非常重要的问题。学术界普遍认为，积累人力资本是实现从依

赖资源型经济向其他经济形态转型的至关重要的因素。如果想要促进经济的发展，就必须注入人力资源。然而，这需要跨越"资源诅咒"的难关，而这难关的高低程度主要受地方高素质、高能力人才比例的影响。应对资源经济难题的关键在于增强教育水平、挽留人才并吸引新的人才加入。显而易见，资源推动和人力资本推动是促进地区经济发展的两个重要因素，同时也代表了经济发展的不同阶段。需要强调的是，人力资本发展的推动力并不仅仅依赖于劳动力资源，还包括技术、管理等与劳动力紧密相关的因素，甚至涉及随着人力资本流动的资金。

实物资本和人力资本是资本的两种不同形态，一种是有形的，一种是无形的。这两种资本对于区域经济发展至关重要，可以视为其核心要素。工业可以进一步分类为以自然资源为基础的部门和以人力资本为主导的部门。如果在工业化初期只有资源经济部门和人力资本经济部门，那么在地区资源充足的情况下，通常会优先选择投资和发展资源经济部门，以促进其发展壮大。通常情况下，在资源投入数量相同时，资源类部门的产出比人力资本经济部门更高，同时后者的产出率有时甚至会变成负值。因此，资源行业通常更受投资者青睐。长期来看，人力资本经济部门的生产效益将会持续增加，而随着资源供应的逐渐减少和资源价格波动的影响，资源部门的生产效益将会下降（图3-2-5）。显而易见，区域经济的演变方向正在由依靠资源驱动转向依靠人力资本驱动，这也是全球各国或地区经济发展趋势的反映。

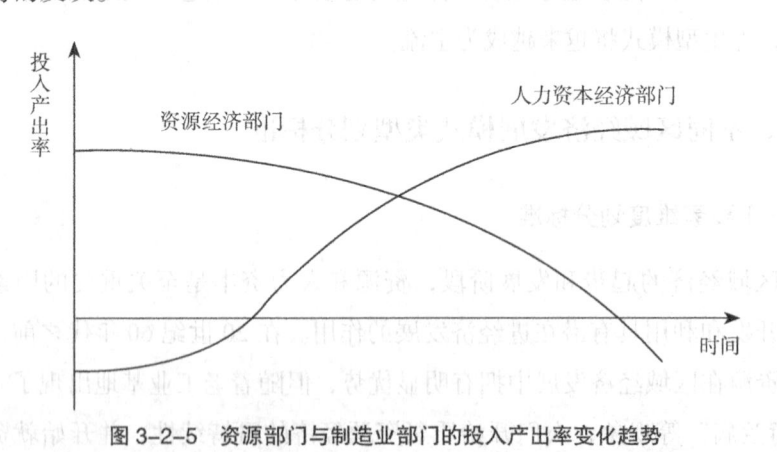

图 3-2-5 资源部门与制造业部门的投入产出率变化趋势

目前学术界还没有对资源型产业作出明确的定义。许多学者提出了观点，认为这种产业涉及可持续性问题，属于国际标准产业分类的第二大类和中国国民经济行业分类的 B 类，它们的特点在于从事不可再生资源开发。换句话说，这些产业从事的是采掘和利用不可再生资源的活动。尽管我们不能否认采矿业或采掘业属于资源型产业，但是对加工业的分类方法存在一些问题。现在越来越明显的趋势是，加工业可以与其所需的资源分离。钢铁工业开始向港口周边汇集，以便利用港口进口铁矿石和煤炭等原材料进行钢铁冶炼。钢铁工业是一个典型的以资源加工为主的行业，比如，以中国唐山市为例，钢铁行业居于支配地位，而采矿业的份额则比较有限。这种城市的发展属于依赖自然资源来推动经济发展的模式，那些主要依赖于资源开采和基本加工制造的产业被归类为资源型产业。这个类别涵盖了电力、化学、冶金、石油、煤炭、建材、纺织、森林、食品和造纸等各行业。

虽然人力资本型和资源驱动型模式的差异明显，但是介于两者之间的模式特征可能需要更详细的判断。无论是资源驱动型还是人力资本驱动型，经济发展所偏好的模式总是存在着的。如偏向于资源驱动型的，可归为资源驱动型模式。同样适用于相反方向的情况。由于缺乏对资源驱动型经济发展模式和人力资本驱动型经济发展模式公认的定量刻画指标，为此，本书特定义"产业结构比"指标，计算公式为：

$$GYJG = \frac{I_R}{I_T - I_R}$$

其中，$CYJG$ 为产业结构比，I_R 为资源型产业工业总产值，I_T 为规模以上工业企业工业总产值。若产业结构比大于1，说明资源型产业在工业中占据优势，本书将该模式定义为资源驱动型模式；若低于1，则说明人力资本等要素在工业中占据优势，将其定义为人力资本驱动型模式。

经济增长可以根据资源配置情况和对生态环境影响程度的不同划分为两种类型：一种是高耗能、高污染的传统经济增长方式，也称为粗放型经济增长；另外一种经济增长方式被称为绿色增长，它能够实现低能耗、低污染、环保的效果。相同地，根据要素的配置情况，我们可以将产业类型分为传统产业和新型产业两种。传统产业的特点是高投入、高污染、低产出，被视为粗放型产业，而新型产业需要实现投资低、环保、高产出的目标，属于集约型产业。与此相对，传统产业通常依赖比较简单的劳动力和自然资源，比如矿业、木材加工业和纺织业等。因此，将产业类型分为资源型和人力资本型也可以被认为是合理的。

(二)制度维度划分标准

区域经济发展模式主要通过制度变迁进行演化。中国的区域经济发展模式制度创新主要包括进行所有制改革、完善产权制度、建立市场经济体制等方面。所有制结构和市场化程度是区域经济发展模式制度创新的重要组成部分。一般而言,如果国有企业占比增加、市场化程度下降,政府就会更加深入地参与经济发展。相反,则市场化的影响更广泛。确定区域经济发展的主导力量时,需要考虑到该区域与上级政府的权利义务关系和所有制结构,以及政府和市场在其中扮演的角色。

评估资源配置、经济决策的市场化程度是一项重要的指标,至今已经出现了10种以上的方法来评估市场化的程度和范围。在本书中,我们使用了生产要素市场化指数(SCH)来反映市场化的水平。该指数综合考虑了投资市场化因素,并包含了利用外资、自筹投资和其他投资在全社会固定资产投资中所占比例的影响。这三项的比重大小受投资领域市场化程度影响,由市场力量决定投资规模。其公式为:

$$SCH = \frac{I_f + I_s + I_o}{INVT}$$

其中,SCH 为市场化指数,I_f 为利用外资总额,I_s 为自筹投资额,I_o 为其他投资额,$INVT$ 为全社会固定资产投资总额。另外,工业部门是市场化改革的主要落实领域之一,因此,非公有化率将是衡量产权制度多样性水平的重要指标。所有制结构是评估区域经济发展模式形成的重要衡量指标。国有控股企业和集体企业在该地区所占比例越高,那么该地区经济发展就越依赖于政府的影响力。随着私营企业、外资企业和股份合作企业的占比逐渐增加,说明市场力量在推动区域经济发展上的作用日益凸显。因为没有普遍采用的衡量政府或市场主导程度的方法,本书提出了一项新的指标——"非公有化率"。该指标用来衡量非公有企业的总产值占工业总产值的比例。计算公式为:

$$FGYH = \frac{GVIO - (GVIO_{state} + GVIO_{collective})}{GVIO}$$

其中,$FGYH$ 为非公有化率,$GVIO$ 为全行业工业总产值,$GVIO_{state}$ 为国有及控股企业工业总产值。$GVIO_{collective}$ 为集体企业总产值。为了保持量纲的统一，对两项指数进行加权，权重分别为 0.5、0.5，进而可得到 $I=0.5 \times SCH + 0.5 \times FGYH$。该指数越大，说明市场对于经济发展作用越强；指数越小，则政府作用越强。为了明确一种区域经济发展模式是政府导向型还是市场导向型，这里以 0.5 为临界点。若该指数大于 0.5，将该模式界定为市场导向型模式；反之，则为政府导向型模式。

（三）关系维度划分标准

区域经济发展中内生和外生（即本地化和全球化）的作用十分重要，围绕着出口导向和内需导向，如何促进或阻碍区域经济发展模式的形成和转型的争论不断。我国的改革开放已经进行了多年，逐步建立起以向外开放、吸引外资、促进出口为主要支柱的经济发展模式，这一模式推动了经济的持续增长。可以说，这是一种以开放和外向为特点的经济发展模式。然而，全国各地的发展模式并非均受外生因素（如全球化）主导，并且这些因素也是逐渐推进的。因此，每个地区都呈现出具有特色的发展模式。

在区域经济发展中，内生与外生是相互对抗的两股力量。考虑到资源和市场的相互关系，我们可以将区域经济的发展划分为内生型和外生型两种模式，这两种模式可以相互制约。内生型模式主要依赖于本土资源的累积，其关键要素的积累具有自然发展的趋势，主要面向国内生产和市场，外部经济形势的波动对其影响相对较小，且其对外贸和外资的依赖程度较低。长期以来，外生型经济模式积极融入全球经济体系，以国际市场为发展目标，更加倚重于国际要素积累。因此，它更容易受到全球经济形势的影响，其对国民经济的贡献主要集中在外贸和外资领域。本书使用开放度作为指标来判断区域经济发展模式是内生型或外生型。开放度是用来衡量一个国家或地区经济对外开放程度的重要指标，其计算方法是将该国或地区的进口和出口额除以其国内生产总值得出的百分比。其计算公式为：

$$Q = \frac{(X+M)}{GDP} \times 100\%$$

其中，Q 为开放度；X 为当年出口额；M 为当年进口额；GDP 为当年国内生产总值。如果 $Q \leqslant 5\%$，该国或地区为完全内向型经济；如果 $5\% < Q \leqslant 10\%$，为基本内向型经济；如果 $10\% < Q \leqslant 20\%$，为基本外向型经济；如果 Q 大于 20%，则属于完全外向型经济。为此，本书特以 10% 作为划分区域经济发展模式内生型与外生型的界限，若经济外向度高于 10%，则将其划分为外生型模式；若经济外向度低于 10%，则将其划分为内生型模式。

四、三维结构下的区域经济发展模式

就像前面所提到的那样，区域经济发展模式的分类标准不是排他性的。珠江模式、苏南模式等等，均可从三个方面进行分类。政府与市场之间的关系、内部和外部因素的影响、资源配置和人力资本的驱动力是识别区域经济发展模式的主要分类方式。政府和市场的互动、内部和外部关系以及资源驱动和人力资本驱动的重要性，在不同模式下表现得略有差异。

区域经济的发展模式是一个受多种因素影响的复杂性系统，它的形成和演化不仅会受到各种要素的影响和推动，同时也与政府和市场的作用密切相关，并紧密结合内外部因素的作用。然而，对于区域经济发展模式的划分，并没有一种单一的标准可以被视作排他性的。例如，珠江模式、苏南模式等模式均可以从不同的三个维度进行划分。因此，本书综合了现有研究并建立了一个三维分析框架，包括要素、制度和关系三个方面。通过这三个方面不同的组合方式，将其分类为八种类型。每个区域代表了区域经济发展模式三个维度的不同组合，进而可以概念化地划分为资源—市场—内生型模式（RMEn）、人力资本—市场—内生型模式（HMEn）、资源—市场—外生型模式（RMEx）、人力资本—市场—外生型模式（HMEx）、资源—政府—内生型模式（RGEn）、人力资本—政府—内生型模式（HGEn）、资源—政府—外生型模式（RGEx）、人力资本—政府—外生型模式（HGEx）（模式类型简称 R、H、M、G、En、Ex 分别为 Resource, Human-capital、Market、Government、Endogenous、Exogenous 的首字母），如图 3-2-6 所示。

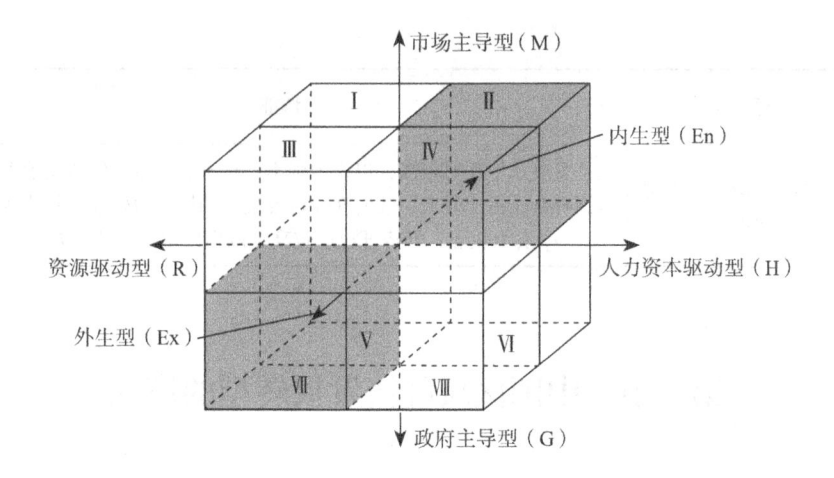

图 3-2-6 三维结构下的区域经济发展模式

每种模式的基本特征如表 3-2-1 所示。

表 3-2-1 各区域经济发展模式的特征比较

类型	特征
资源—市场—内生型模式（RMEn 型）	依赖自然资源的开采与利用，并主要供应国内市场，资金主要来源于国内的社会资金
人力资本—市场—内生型模式（HMEn 型）	经济发展依靠劳动力、资金、技术、创新等新型要素，产业发展水平相对较高，资金来源于国内民间资本，产品主要供应国内市场，外贸依存度较低
资源—市场—外生型模式（RMEx 型）	依赖自然资源的开采与利用，充分吸引外资与国内社会资本，对本地资源进行加工，并出口国际市场，出口加工型产业比重较高
人力资本—市场—外生型模式（HMEx 型）	经济发展依赖于技术、人力资本、资金与创新，产业发展水平高于国内其他地区，依托本地优势充分吸引外资、外企入驻，出口加工业比重较大，经济外向度较高，与国际市场联系紧密
资源—政府—内生型模式（RSEn 型）	依赖自然资源开采与利用，供应国内市场，经济较为封闭，工业以采掘业和初级产品加工为主，工矿企业、加工企业主要为国有或集体所有，经济发展相对较为落后
人力资本—政府—内生型模式（HSEn 型）	本地自然资源较为缺乏，以劳动、资金密集型产业和加工业为主，产品主要供应国内市场，经济开放度低，资金主要来源于政府投资、国内银行贷款等，该模式大多存在于改革开放初期、市场经济不发达的初期
资源—政府—外生型模式（RSEx 型）	依赖自然资源开采与利用，以大型国有企业占主导，社会资本不发达，与国际市场联系较强，出口产品主要为原材料、初级加工产品

(续表)

类型	特征
人力资本—政府—外生型模式（HSEx型）	经济发展水平相对较高，以人力资本、技术、资金、创新驱动占主导，但国有企业占比较大，政府在经济发展中的控制力较强，制造业发达，实力较强，经济开放度较高，以出口机电产品等为主

第三节 中国区域经济发展转型的模式

一、区域创新发展

创新是推动发展的主要驱动力。在我国全面进入社会主义现代化建设的新时代，我们需要坚定不移地推进创新驱动发展，同时全面打造新型发展优势，以此为我国的发展开创新的篇章。强化国家科技实力、推进企业创新、培育新兴产业，以增强国际竞争力，国家层面需要制订规划和布局，同时各地协同整合创新资源，攻克核心技术，构建创新共同体。理顺技术创新链，建立联动协作、分工合作、协同推进的技术创新体系也是必要的。

在促进创新发展方面，关键是推进不同地区之间协同合作，共同推动创新。而区域创新发展则是将协同创新的概念推广到了区域范围内。区域协同创新强调不同创新主体之间的互动和合作机制，并且要考虑这些主体在不同区域空间之间的关联和协调。通过这种方法，协同创新的领域和意义得到了广泛的拓展和丰富，变得更加多样化。

（一）中国特色区域创新理论

马克思在《资本论》和其他著作中，提出了一系列有关创新经济学的理论，涉及创新的方法、创新的传播以及创新对于经济增长方式的转变等方面，为相关领域作出了开创性的贡献。经济发展是一种持续地创新与结构调整的过程，创新与结构调整是发展的两个关键因素。

为了实现经济和社会的可持续健康发展，我们需要持续不断地促进社会生产力的发展和解放。在此过程中，推进科技创新是至关重要的因素，因为这有助于提高所有生产要素的生产力。在中国实际的历史和国情背景下，我们采用并发展了马克思主义政治经济学中关于解放和促进社会生产力发展的思想，以适应当前中国发展的紧急需求。中国特色创新经济学理论已经融合了西方创新理论的优秀部分，被列入国外经典理论的一些创新理论有熊彼特式创新、协同创新和创新系统理论等，它们都被广泛讨论和研究。尽管西方的创新理论体系十分系统完备，但其主要关注的是中性技术、资本导向技术以及劳动导向技术等方面的进展，没有明显的阶级特征。与此相对地，中国特色社会主义创新发展理论显然具有明显的阶级属性。中国特色社会主义创新发展理论旨在将人民置于核心地位，同时保持社会主义的本质属性。社会主义的本质在于以人民为本，这是区别于资本主义国家以资本为核心的方式。中国特色社会主义创新发展理论强调以人民为中心，认为人民是促进中国创新发展的主要力量。为了推动中国的技术创新，应该积极鼓励人们发扬创造和创新的能力，集中精力解放和发展生产力，同时创造一个适宜创新的氛围，以让人民获得更多的机会。中国致力于推动创新发展，旨在提高人民福利水平。创新的发展与共享息息相关，创新的成果应该被公平地分享和普及，以使所有人都能从中受益。只有这样，才能让每个人都感受到创新发展带来的成就感。

改革开放以来，我国经济社会发展的伟大实践，是推动形成中国特色创新理论的基础，理论创新和发展也反过来增强了中国特色创新发展道路的理论自信和文化自信。以往过度依靠资源、资本、劳动力等要素投入，支撑经济快速增长和规模扩张的方式是不可持续的。要素条件和资源可承载力的变化，要求社会加快从要素驱动发展向创新驱动发展转变，发挥科技创新的支撑引领作用。改革开放初期，中国企业主要依赖技术引进，但容易在全球化进程中陷入"引进—落后—再引进—再落后"的恶性循环。中国企业要实现从引进国外技术"跟跑"，到消化、吸收先进技术经验"并跑"，进而在关键领域自主创新"领跑"。

"自主创新"（indigenous innovation）是我国提出的一项国家战略，旨在促进国内企业技术创新的发展，最终实现自主核心知识产权的归属。其中，自主是前提，创新是目的，提高创新能力是核心，获取核心技术和知识产权是关键。中国独具特色的创新理论强调，充分发挥市场经济和个人选择的作用，同时突出国家举国体制方面的独特优势。"中国经济奇迹"和技术领先的实现都离不开举国体制的支撑。深化科技创新体制改革的目的是建立适应社会主义市场经济条件的新型管理体制，从而在重要的核心技术攻关领域取得重大突破。这种新型国家管理体制结合了集中力量办大事的管治模式和超大规模市场的优势，同时利用市场在资源配置中的决定性作用，从而增强了国家在战略科技领域的实力。

此外，中国特色社会主义创新发展理论具有全面性和系统性，创新是全领域覆盖的，主要包括理论创新、制度创新、科技创新和文化创新，其中科技创新是核心。在全球科技创新竞争的大背景下，参与科技创新需要整个国家的创新生态系统协同作战。这是一项非常复杂的系统性活动，不仅仅涉及单一公司或行业。这说明科技创新需要覆盖更广泛的领域，包括社会、科技、经济、文化、政治等方面，不仅仅是在科学或技术上实现突破，还需要将科技创新与经济社会发展全面深度结合。因此，中国自主创新发展的重要支撑是全面、系统的中国特色社会主义创新体系。这一体系同时也表明了创新发展理念并非是孤立存在的，而是五大发展理念中的首要和核心。[①]

我国区域协同创新理论的产生与演进，源自我国长期以来对区域协同创新的一贯实践。根据《中华人民共和国国民经济和社会发展第十四个五年规划和2035年远景目标纲要》的要求，我们的重点应该集中在京津冀、长三角、粤港澳大湾区等地。加大创新力度，提升全球资源配置能力，积极打造引领高质量发展的领先群体，争取尽快实现目标。随着技术的不断创新和日益复杂化，单一地区的创新能力已经不能满足在激烈市场竞争中独立实现创新的需求，因此，该地区的产业集群和协同创新特征变得更加显著。区域协同创新有助于优化各地创新要素的配置，提升创新效率并降低创新风险。它具备高级科技合作的特点，也是区域经济一体化不断深化、打造高品质经济布局的必然选择。

中国特色协同创新理论提出，为构建区域协同创新体系，需要企业构建区域创新联合体，即龙头企业牵头、高校院所支撑、各创新主体相互协同，这与西方理论中强调多元创新主体协同存在侧重点上的差异。技术创新的本质是经济活动，在市场经济条件下，企业是市场最直接的参与者，能够敏锐感知市场机会和客户需求，真切把握技术创新命脉，并通过形成原始创新诉求开启和引领技术创新活

---

① 蒋佳，陈昌兵. 中国特色社会主义创新发展理论 [J]. 现代经济探讨，2019（05）：17-20.

动。以企业为主体开展协同创新，能够优化创新资源配置，降低交易成本，进而提高创新绩效。

此外，中国特色协同创新理论还特别强调创新要素的区际流动。随着创新驱动发展战略深入实施，我国科技创新水平获得明显提升，但原始创新和自主创新仍然不足，其中一个关键制约因素是创新要素的区域分布和内部结构不平衡。创新要素在地理上存在显著的聚集现象，而这种聚集在不同地区之间，特别是东部与中西部之间，呈现出明显的差异。在内部架构方面，许多地区更倾向于推动那些有明确期限、快速有效、直接应用的创新项目，而对于原创性的创新则不够注重。因此，必须加快建立区域一体化联动式的创新资源网络，以降低行政限制和制度成本，并促进创新资源在不同区域之间的高效流通和配置，进而提高区域的创新效率。

（二）区域创新发展政策体系

创新资源如技术、资金、人才等通常在不同地区具有不同的特点，导致不同地区在创新方面存在差异。为了解决这一问题，区域创新政策旨在通过市场合理配置创新资源，逐步消除不利于创新资源市场建设的地方行政和体制机制上的障碍。这将有助于落实创新要素在不同地区之间的畅通和高效配置。人才开发、成果转化、科技金融和技术攻关政策是构建区域创新发展政策的关键要素，缺一不可。建立区域创新发展政策体系有助于发挥区域创新政策的作用，同时也为支持相关配套措施提供了良好框架，保障了优化区域创新政策目标的必要条件。

1. 人才开发政策

人才是区域发展的第一要素，加强区域性人才开发是实现区域协同创新的重要内容，也是激发区域创新创业活力的重要保障，具体包括人才培养和人才流动。市场对人才资源配置起到了决定性作用，人才开发必须遵循市场规律，必须把建立健全规范运行的人才市场体系，充分发挥市场的决定性作用，作为人才开发区域协同的出发点和立足点。同时，要充分考虑到人才资源不同于物质资源的特性，人才市场不同于一般的商品市场，更依赖政府引导和监督作用的发挥。基于上述准则及创新发展导向，人才开发区域协同政策要以创新驱动的区域发展为战略导向，以人才优先开发及发挥市场主导作用为战略指导思想，针对各地方在区域创新中的担当使命，以及区域创新能力及人才资源配置的分层特征，重点围绕人才培养、人才流动和人才市场三方面，以健全市场协同和行政协同机制为抓手，推进人才开发的区域协同政策实施。

（1）推动人才培养的区域协同

创新型人才包括高层次人才、专业技术人才、高技能人才三个类型。这三类人才对创新驱动发展缺一不可，但作用有所不同，高层次人才具有引领作用，专业技术人才具有基础作用，高技能人才具有扶助作用。推动人才培养的区域协同，就是要加快区域人才开发一体化进程。在高层次人才培养方面，要着力构建区域合作的继续教育高端培训体系，以及以区域共建的国家、区域重大创新工程和产业化项目为载体的创新实践体系。在专业技术和高技能人才培养方面，通过合作共建分校、学院等方式夯实人才培养的载体基础，推动高等教育、职业教育资源的区域内部均衡分布和有序扩散，积极推进人才培养的地方化向区域化转型。并以区域创新需求为导向，调整优化学科和专业布局，以满足区域创新发展的人才需求，解决人才供需的空间矛盾。

（2）促进跨地区人才流动

在人才的地区竞争中，大城市或经济发达地区具有明显的区位优势，而小城市则面临人才引不进、留不住的困局。为加强人才流动的区域协同，要通过制订地区差异化的人才引进政策，缩小地区间的待遇差异，引导人才去非核心城市发展事业；要通过区域合作共建方式多建设一批高水平的国家实验室、国家技术（工程）研发中心、高科技企业集聚区、国家级创业孵化器等，建立为我国所用的引才基地。同时也要强化柔性引才理念，创新人才柔性流动方式。除了进一步扩大各地政府间的干部对口支持外，还需要组织动员社会各界参与对口支持，特别是科技创新领域专业技术人才对口支持。此外，通过提升人才服务水平促进人才的地区间合理流动，要实现人才标准统一、信息共享，推进评价结果互认；要简化优化引进程序，提高人才引进效率；要加快推进户籍制度改革，放宽人才落户条件，简化优化落户审批流程。

（3）统一区域性人才市场

人才市场的运行机制，就是通过人才价格、供求关系、竞争程度等市场因素的相互影响及其自发调节实现的，从而更加有效地配置人才资源，并向社会提供更加准确、精细的供求信号，有效调节人才的社会需求和供给。由于人才市场信息的不畅通和互相封闭，区域内明显存在人才市场碎片化的问题。因此，人才市场的区域协同要先实行人才市场机构的统一标识、统一标准、数据共享，再深入到统一平台、统一制度、统一监管，再扩展到一体化运行的统一机构、统一机制。具体政策包括：发挥专业性人才服务大公司的引领作用，提高人才市场服务水平，鼓励人才服务专业大公司以核心城市为总部，以区域内各个城市为网络节点，建立健全中高端人才市场的区域协同体系，形成大平台、大网络、大数据，并向全国和国外延伸。

2. 成果转化政策

科技成果是通过科学研究与技术开发所产生的具有使用价值的成果，科技成果转化是指为提高生产力水平而对科技成果所进行的后续试验、开发、应用、推广，直至形成新技术、新工艺、新材料、新产品，还包括发展新产业等活动。而国外普遍使用的是"技术转移"（technology transfer），指成果在不同创新主体之间的移动。造成表述差异的原因在于中国政府是研究型大学和科研院所的管理者，以及开展科研活动的主要资助者。因此，国内政策语境下的"成果转化"，既有市场经济条件下政府作为科研项目委托人、科研经费出资人与项目承担者、经费使用者之间的合同义务关系，也有政府作为相关机构管理者，对科研成果这类无形资产的产权归属关系。在区域协同创新层面，成果转化政策不仅涉及科技成果的商业化，还涉及科技成果转移。而这里的"转移"是指成果在地理空间上所发生的位移。

（1）健全区域技术转移和成果转化机制

建立完善的技术成果转化机制，并在区域间协同推进标准化工作，以服务于技术经理人和科技成果的评价。构建一个协同作用的共性技术研发平台，充分发挥市场和政府的利益差异，实现原始创新向实际生产力的转化，提高平台的开放性和高效性。推动科技成果在不同地区间的流转与应用，同时制订并完善资金共投、技术共享和利益共享的成果转化计划。通过联合保护知识产权，强化知识产权保护，推动创新成果成功转化为实际应用的产业。成立区域知识产权保护协作网络，举行政府间知识产权保护协定例会，各地知识产权管理机构定期交流案例、动态、立法、经验等信息，协调大要案的调查处理工作，并完善知识产权侵权案件的通报和移送制度，同时联合查处和协同办案。加强区域内的知识产权保护执法协作，成立一个中心机构来专门处理相关案件。强化对技术成果转化的法律要求和激励措施，促进区域内企业、大学、科研院所等各个领域技术成果的信息共享，为技术成果产业化提供信贷支持，对技术受让方和技术交易服务机构给予适当的税收优惠政策。加快地区之间的技术转移和成果转移的制度对接，建立开放的地区间知识产权服务信息共享平台，实现科技成果资源共享。

（2）强化区域成果转移转化服务支撑

为了推动科技成果的转移转化，在市场化服务方面必须得到良好的支持。为了实现这一目标，我们需要注重培养和扶持一些服务机构，如生产力促进中心、评估咨询机构、科技信息中心以及知识产权法律中介机构等。同样的，确立技术迁移机制的目标，需要通过中介服务机构来实现，成立一个区域性的产学研信息交流服务平台。加强技术转移和成果转化市场化服务的建设，将关注点放在发展"互联网＋技术交易"上。通过建设一系列综合的线上和线下技术交易市场，同时探索并制订技术信息标准和技术转移服务规范，专注于提高信息发布、市场化评估和咨询辅导等专业化服务的水平。通过促进科技成果向市场转化，全面加强区域技术转移和转化的整体建设，并建立健全的区域技术市场流通模式。制定区域科技资源共享的法规，可以确立科技资源的所有权，并且可以利用大数据的优点，建立科技信息数据库。整合政府、大学、科研机构和企业等各领域的信息资源，促进不同创新主体间信息的共享，为技术的转移和转化创造更加优越的环境和条件。这样一来，政府信息资源将被科技界、学术界和公众广泛共享，从而推动更好的技术转移和创新。

（3）加强区域产学研协同创新

建立区域性科技创新联席会议，加强顶层设计和总体规划，逐层推进产学研协同创新体系的布局，统筹区域内重大关键性问题，克服各城市互联互通、综合开发中的障碍。形成以企业为主体，高校、科研院所为依托，由市场导向、政府推动、社会广泛参与的区域创新合作机制。进一步创造条件、优化环境、深化改革，切实增强企业技术创新的动力和活力，支持企业跨地区联合承担国家研发任务。区域内的科技合作计划要更多地反映企业重大科技需求，加强跨省市企业间合作。同时，发挥大学和科研院所创新源与知识库的作用，积极发挥大学、科研院所和社会公益研究的科研机构在基础研究、前沿技术研究领域的重要作用。

3. 科技金融政策

科技创新一般存在着很高的风险，因此很难得到资金方面的支持。因此，金融科技政策对区域创新生态系统的发展至关重要，尤其是在支持那些具有创新潜力的企业实现成长方面起到了重要作用。金融科技的目的在于采用新颖的方式来开发金融产品，改变现有的服务模式和建设平台，以帮助银行、证券、保险等金融机构及各种创业投资资本整合科技创新与金融资本，从而为初创期到成熟期的科技企业提供金融服务和衍生服务。这些政策和制度的设计旨在实现科技创新链与金融资本链的紧密衔接。从投资科技创新的阶段看，在科技创新的源头，即知识创新阶段，关注的是创新成果的基础性、公益性和公共性，因此主要依靠政府财政资金扶持；而在科技创新成果进入市场的阶段，金融资本将成为投入的主体，因为科技创新成果转化会带来投资收益。在区域协同创新层面，科技金融政策主要涉及跨区域金融服务、资本流动和风险分摊等。

（1）创新科技金融服务模式

探索建立一个区域性的跨省（市）联合授信平台，以促进信贷资源的流通并为区域内的科技型中小企业提供创新发展服务。国有银行、股份制商业银行、保险公司以及地方金融机构应当设立科技支行的区域事业部，以打破区域限制和传统的业务模式，并向客户提供更为创新的服务。这样，可以提高在区域范围内的科技信贷服务效率，同时有效控制风险。对于优质企业和项目，由专业的部门负责相关事宜可以更好地控制潜在风险，从而更高效地提供贷款服务。此外，重点研究科技创新企业在不同成长阶段的支持和发展方向，以指导金融机构开发更具质量的科技金融产品。这些产品将包含各种领域，如天使投资、知识产权抵押、科技贷款和科技保险，并把金融资源合理分配到企业在不同发展阶段的实际需求中，为当地的科技企业提供完整的金融服务，从成立到发展的全程覆盖。

（2）共建区域创业融资服务平台

加强证监局与北京、上海、深圳证券交易所之间的协作和信息交流，可以为各地本土科技创新企业提供更广泛的融资支持。支持建立机制能够推动区域创新并实现利益共享。此外，积极支持设立各种基金，从而有助于支持产业、创业、股权、科技创新以及科技成果的转换。通过借助科创板的推动作用，鼓励合格的本地科技创新公司进军该板块，以获得资金支持，推动创新循环。同时，科创板还可以促进风险投资的退出，为企业提供更为灵活和多元化的退出途径。鼓励科技型公司在上市后不断扩大规模，进一步提升其在科技创新中的引领作用。改善创业投资的体系和生态环境，栽培出备受全球赞誉的创投机构，并吸引国际上最顶尖的创投机构加入投资。

（3）制订风险分摊的制度性安排

采取政策性举措，以科技企业的信用为基础，推出激励机制，从而增加这些企业的融资渠道。政府与园区联动，监测科技企业信用状况并提供支持，以推动外部投资和贷款市场的发展。设立针对不同地区的企业信用公共服务平台，加强信用服务的监管和管理。提倡推行"数据驱动"的科技金融发展模式，并设立相应机制以平衡和弥补数据化科技融资的风险。此外，建立和完善鼓励科技创新企业的信用指标，在不断提升企业信用意识和信誉积累的同时，促进企业信用体系的建设。通过应用大数据、云计算、区块链、人工智能和物联网等技术，搭建一个可以跨越不同地区和部门的信用评估系统，它不仅可以有效地降低企业面临的金融风险，同时也促进了科技金融行业的良性发展。强化科技金融产品和服务的区域合作，建立风险投资的引导基金，吸引更多社会资本有条不紊地涌入，以促进合作共赢。并通过市场化运作和财政资金的引导，帮助风险投资者实现双重收益。还有许多地区设立了政策担保基金来支持科技信用保险的发展，从而降低商业银行在科技信贷方面的风险。

4. 科技攻关政策

区域协同科技攻关是通过实施区域创新共同体联合攻关计划，聚焦国家重大创新需求，强化任务顶层设计和目标凝练，统一谋划、统一组织、统一投入，获取一批前瞻性基础研究、引领性原创成果重大突破。同时，有别于一些领域的自由探索，区域协同科技攻关要求区域内大学、科研院所、企业强强联合，各地区共同建立更加有利于任务目标实现的科研组织机制。

（1）共建高水平创新平台

高水平创新平台是提升区域科技创新策源能力的重要支撑，各地区要以培育国家战略科技力量为导向，瞄准世界科技前沿和产业制高点，共建多层次科技创新平台体系。加强建设和发展国家级科技创新基地，这些基地包括国家实验室、国家重点实验室、国家技术创新中心、国家产业创新中心、国家制造业创新中心、国家临床医学研究中心等。协同区域内的各地区在科技领域的前沿，普遍掌握了关键技术和公共安全方面的核心技术，可以借助这些资源整合科学技术，在实验室管理模式创新方面积极探索，共同打造一批水平高超的实验室。通过建设国家级技术创新中心，并强化区域性合作，力争在国际上获得领先地位。聚焦关键产业领域，提高技术创新水平，并加强与重大基础研究成果的产业化衔接。创建协同创新的共同体，各主体共同承担风险和分享收益。这将促进技术创新，引领未来产业的发展方向。

（2）共同实施重大科技项目

鼓励各个地区在优势学科和研究力量上立足，紧紧围绕国家的重大需求和世界科技前沿，积极参与和合作承担多项国家重大科技项目，着重推进基础研究、应用基础研究和关键核心技术攻关等领域。可以推动不同地区的大学、科研机构和企业联合起来，集中精力研究关键核心技术。特别关注未来和高科技产业，强调区域合作，以便在制订和实施关键研发和转化项目时，更加注重协同和合作。为了促进地区的高质量发展和改善民生情况，必须探索新的管理和组织机制，同时还需要凝聚各方力量，共同实施重大科技项目。加强各地科技计划之间的协调与联系，创建一个统一的信息管理平台，旨在推动科技成果共享与交流。为了促进科技创新区域的协同研发，我们需要采用创新的项目组织方式，并制订相关制度措施，使得各方创新团队能够参与协同，实现科技资源的更有效分配。

（3）聚力打造区域创新高地

利用国家高新技术产业开发区作为支持平台，整合科技、产业、金融和人才等创新资源，建设一个体系化发展的框架，最终成为共同建立区域性创新集群和高质量发展的主要推动力。加强区域间的"双创"合作，联手打造可孵化国家级科技成果的中心和创业示范基地。要从"不求所有但求所用"的视角出发，同时加强区域内科技创新载体之间的协作和互动。需要鼓励大型企业和项目进入园区，以增强园区经济实力；将专业型园区作为发展方向，并强化其经济核心竞争力，以便更快速地培育优势产业。这样，每个园区都能展现出其独特特色，从而创造出健康的竞争环境并共同发展。还需充分发挥区域内核心城市的引领作用，在实施创新政策和推进创新型产业集聚方面加强努力，以促进区域科技创新体系的统一发展。通过这种方式可以建立一个科技创新圈和创新城市群，优势互补和协同作用是突出的特点。

二、区域协调发展

地区间、城乡间存在的区域发展不平衡是所有国家都要客观面对的发展现实。而一个国家从落后走向发达、从传统迈向现代，实现区域协调发展，是最重要的国家战略之一。我国幅员辽阔、区域差异大、国土空间功能各有不同，区域协调发展始终是必须面对的重大课题。尽管经过改革开放四十多年的发展，区域协调性持续增强，但区域发展不平衡矛盾仍然比较突出。在迈向社会主义现代化国家的新征程中，如何推动形成优势互补高质量发展的区域经济布局，如何建立健全符合发展规律、符合中国国情、促进区域协调发展的推进机制和政策体系，都是需要持续高度关注、重点研究的重大课题。区域协调发展，是习近平新时代中国特色社会主义经济思想的重要组成部分，是贯彻新发展理念、建设现代化经济体系的重要实践。

（一）区域协调发展理论综述

1. 区域协调发展理论内涵

区域协调发展理论来自发展实践，同时对发展实践又有很重要的指导作用。特别在中国这样一个发展中大国，始终存在着区域发展不平衡不充分的问题，为把握和厘清这个大问题，为解决这个大问题提出大战略、大政策，都需要有更加丰富、科学的理论认识。

（1）区域协调发展的概念内涵

所谓协调发展，就是促进有关发展各系统的均衡、协调，充分发挥各要素的优势和潜力，使每个发展要素均满足其他发展要素的要求，发挥整体功能，实现经济社会的持续、均衡、健康发展。

区域协调发展通常包含地区间的区域协调和城乡间的区域协调两方面。在我国，城乡协调的范围基本在同一个行政区，而大区域协调具有跨行政区特性，国家层面提出的区域重大战略，大多是跨多个省级行政区，其协调的内涵与任务，与同一行政区内的城乡协调存在很大不同。随着各地城乡统筹水平的不断提升，区域间的协调发展成为区域协调发展的关注重点，这里包括城市群层面的区域协调，如京津冀城市群、长三角城市群等，还包括流域层面的区域协调，如长江经济带、黄河流域等。

关于区域协调发展的概念内涵，学术界有多种认识，其争议可以归纳为三个方面：一是关于区域协调发展状态与过程的争议；二是关于区域协调发展目的的争议；三是关于区域协调发展所涉及范围的争议。本书将区域协调发展的概念定义总结为，坚持新发展理念，围绕国家发展的中长期战略，以提高效率、追求公平为目标，以充分发挥市场在资源配置中的决定性作用，更好发挥政府作用，激发各类市场主体活力为机制导向，针对地区间、城乡间存在的发展不平衡不充分问题，立足发挥各地比较优势和缩小地区发展差距，促进要素畅通流动，促进区域分工合作，实现城乡区域间的共享发展、共同富裕。

（2）区域协调发展的主要研究内容

区域经济学框架中的区域协调发展，主要是基于区域关系的研究，其既包括了区域竞争关系，主要体现在特点相似的区域之间；也包括了区域合作关系，表现为后向联系、前向联系和旁侧联系等形式[1]。在市场化、国际化、信息化驱动下，区域之间的经济与非经济往来越来越密切，形成了更频繁、更大规模的商品流、资金流、物流、人流、信息流。与此同时，地区之间的关系也趋于复杂多元，除了衍生出更多的合作关系，还有在以人为中心这一中心思想主导下的区域共享。这就是说，区域协调发展，其研究边界从协调区域竞争关系，到协调区域合作关系，进一步再扩展到协调区域共享关系。

党的二十大报告根据我国社会主要矛盾的变化，立足于解决发展不平衡不充分问题，提出今后一个时期实施区域协调发展战略。围绕实施区域协调发展战略，区域协调发展的研究内容进一步丰富。从理论层面，区域协调发展主要研究以下四大方面课题：

一是区域协调发展的空间格局。更多体现为现实分析和策略研究，包括了东中西三大区域或西部大开发、东北振兴、中部崛起、东部率先四大板块的空间协调，城市化地区、农业主产区、生态保护区三大功能区的空间协调，京津冀协同发展、长三角一体化发展、粤港澳大湾区、成渝双城经济圈、长江经济带发展等

---

[1] 孙久文. 中国区域经济学的学科发展与创新 [J]. 区域经济评论, 2021（04）：5-9.

的空间协调,以及发达地区与欠发达地区,如老少边穷地区、资源型地区的空间协调、城市群内部的空间协调等。

二是区域协调发展的合作模式。这里主要指不同行政区之间的合作,除了中央统一部署的东西部对口帮扶协作,更多的体现在地区之间按照优势互补、合作共赢原则,在园区开发、科技创新、生态保护、公共服务、基础设施等领域开展合作。这些合作主要集中在公共领域,为促进要素畅通流动、高标准建设统一市场、推动产业分工合作、激发各地潜在动能,更好发挥地方政府的作用。合作方式有项目合作、平台合作、资源共享等。

三是区域协调发展的政策机制。促进区域协调发展,关键在于正确处理政府与市场的关系,充分发挥市场的主导作用,更好地发挥政府的引导作用。在具体推进机制建设中,要研究处理好三对关系,即中央统筹与地方负责的关系、区别对待与公平竞争关系、长期目标与渐进发展的关系。区域协调发展机制包括了国家层面的区域战略统筹机制、基本公共服务均等化机制、区域政策调控机制、区域发展保障机制等,区域层面的市场一体化发展机制、区域合作机制、区域互助机制、区际生态补偿机制等。

四是区域协调发展的监测评价。推动形成区域协调发展新格局,不仅体现在区域联动发展上,还要体现在合理分工、优势互补上,最根本的必须体现在共享发展、共同繁荣上。可分三个维度:一是区域联动、融合发展,如生态功能区与人口产业承载区的空间融合、产业链与创新链的空间融合、乡村产业振兴与城市消费升级的空间融合、东西双向协同开放的空间融合;二是合理分工、错位发展,发挥各地比较优势,构建更加高效的分工体系,具体有大城市的城市功能空间分工、大中小城市间的产业分工以及产业链空间分工;三是缩小差距、共享发展,把缩小地区差距、城乡差距作为根本目的,推进公共服务、社会福祉均等化。

2. 新时代区域协调发展理论创新

自党的十八大以来,政府在积极推进区域发展的整体规划和主体功能区的策略方面取得了重大进展。政府积极强调区域协同发展,实施了多项重要措施,其中包括加快推进京津冀协同发展、长江经济带发展、粤港澳大湾区建设、长三角一体化发展、黄河流域生态保护和高质量发展等,这些措施对提高国家经济质量起到了重要的推动作用。

党的二十大强调："推动西部大开发形成新格局，推动东北全面振兴取得新突破，促进中部地区加快崛起，鼓励东部地区加快推进现代化。支持革命老区、民族地区加快发展，加强边疆地区建设，推进兴边富民、稳边固边。推进京津冀协同发展、长江经济带发展、长三角一体化发展，推动黄河流域生态保护和高质量发展。高标准、高质量建设雄安新区，推动成渝地区双城经济圈建设。"[1] 这一系列的理论与实践探索也推动了新时代中国特色社会主义区域协调发展理论的形成，并具有鲜明的时代特征。

第一，形成了更加体现区域功能特征与区域联动的空间格局观。党的十八大以来，我国经济发展的空间结构发生了深刻变化，区域经济发展分化态势明显，发展动力极化现象日益突出，部分区域发展面临较大困难。党的十八大以前，我国区域协调发展理论是建立在板块经济理论基础上的区域协调发展。十八大之后，将长江经济带、黄河流域生态经济带两条横亘大陆主要地区、贯通东中西三大地区的流域经济带纳入区域协调发展理论实践中，将独立的板块经济与流域经济有机连接。同时进一步激发京津冀、长三角、粤港澳三大区域增长极，点、线、面积极联动，发挥各地比较优势，形成西部、东北、中部、东部四大板块紧密衔接、同频共振的高质量发展新格局，形成了更加符合我国国情和现代化建设需要的大空间观。

第二，把尊重客观规律、促进要素自由流动作为推动区域协调发展的基本动能。只有人口和产业向优势区域集中、向城市群集中，使城市群有强大动能，成为强劲活跃增长极，才能提升国家资源配置总体效率，才能为生态功能区、农产品主产区的高质量发展腾出空间、提供支撑。而要做到这样的资源配置格局，必须破除资源流动障碍，使市场在资源配置中起决定性作用，促进各类生产要素自由流动并向优势地区集中，这是我国实现区域协调发展的根本路径。

第三，统筹兼顾，更加重视其他地区在保障粮食安全、生态安全、边疆安全等方面的功能建设。中国的经济发展正在经历从"速度型"向"质量型"转变的阶段，因此，区域协调发展必须适应新的要求和需求。中国需要考虑各地区的差异性，采取恰当的分工和最佳化发展策略，而非一味追求经济发展水平的一致性。

---

[1] 中国政府网. 习近平：高举中国特色社会主义伟大旗帜为全面建设社会主义现代化国家而奋斗——在中国共产党第二十次全国代表大会上的讲话[EB/OL].（2022-10-25）[2023-01-22].https://www.gov.cn/xinwen/2022-10/25/content_5721685.htm.

为了推动区域协调发展，在充分考虑各种因素的基础上，需要制订综合规划。各地各部门需要运用系统论思维方式，准确理解联合发展与自身发展的关系。同时，应根据实际需要，优先发展水利、山地、粮食、农业、工业、商业等领域，并积极主动地探索适合本地区特点的高品质发展方案，以实现设定目标。通过精确分类和采取适当的措施，确保国土开发空间的有效约束和有序结构，这样可以促进空间发展的合理化。

第四，坚持以人民为中心的发展思想，扎实推动各地区共同富裕。在促进区域协调发展的过程中，应确保基础公共服务的均等提供，基础设施的覆盖率也要相对均衡；应该加强相关政策的制订，包括土地分配、户籍管理和转移支付等方面的政策，以提高城市群的整体发展能力，进而促进移民人口的安定入住；需要保障区域内的基础公共服务在涵盖安全和生态等战略功能的同时，实现平等普及。特别是对于"老少边穷"等特殊类型地区的脱贫攻坚。十八大以来，党中央把脱贫攻坚摆在治国理政的突出位置，把脱贫攻坚作为全面小康社会建设的底线任务，组织开展了声势浩大的脱贫攻坚战，取得了举世瞩目的成就，并为新时代深入推进区域协调发展打下了坚实的物质基础，坚定了共同富裕理念。

（二）区域协调发展政策体系

区域政策的基本任务就是处理好非均衡性的政策激励和均衡性政治激励导向之间的关系，既要注重国家战略和政策的统筹，又要发挥市场在资源配置中的决定性作用。以有序竞争的方式实现区域间的资源均衡配置，区域政策种类繁多，适用于不同的区域政策目标，政策力度和侧重也有所差异。

1. 财税政策

财税政策是指运用财政预算和税收手段，调节经济结构与社会分配。常用的财税政策工具包括税收政策、政府债券、政府补贴和转移支付。税收政策是区域协调发展中最常用的政策工具。通过对不同行业设置差异化的税种和税率，能够有效地调整区域产业结构，推动产业的整体升级。税收政策分为国家和地方两个层面。国家通过制订差异化的税收政策，加大对重点产业、重点地区的支持力度。如对于国家鼓励发展的行业，采用税收优惠等奖励性财政政策；对于要淘汰的落后产业，采用税收限制等方式加快转型。地方税收政策通过对地方特定行业的税收奖励、返还，培育主导产业、吸引市场主体落地。

政府债券是地方政府最重要的融资工具之一。通过发行不同类型的政府债券，可以募集公共投入、基础设施投资等不同类型的资金。但近年来，地方政府债务总体水平较高，国家为防范政府债务风险，对地方政府发债的管控日益严格。

政府补贴是各级政府为鼓励区域内产业发展所采取的直接财政支持，如发放产业补贴、研发补贴，或者设置产业基金、政府投资基金等。政府补贴对具有正外部性的市场主体，如新兴行业、研发企业等，有较大的支持和帮助。发达国家在新产业培育阶段也往往采用补贴的方式提供支持。

转移支付是对社会财富的二次分配，是我国推进区域协调发展中最重要的政策工具。通过对特定地区的转移支付，保障和支持其实现区域经济社会环境的协调发展。近年来，我国不断加大转移支付力度，重点支持欠发达地区、生态涵养地区、粮食主产区等地区。转移支付也可用于地区间生态补偿。

2. 金融政策

金融政策通常包括货币政策、利率政策和汇率政策。金融政策的核心是调控资金融通的难易程度和融资的成本。通过区域货币供应量的调整，能够有效控制通货膨胀率、降低失业率；通过优化调节利率、灵活调整信贷方案可以有效拉动区域经济增长。常用的政策金融工具包括利率政策、普惠金融体系、存款准备金政策、再贴现政策等。

利率政策主要影响直接融资的实际利率。我国对不同区域实施存在一定差异的利率政策，对有的区域实施低利率优惠政策，如对一些生态保护功能区的生态开发、农产品主产区的农业生产、资源枯竭型城市的转型等；对有的区域实施市场化利率政策，如对东部沿海地区中小型银行，实施高于大型商业银行的利率政策。

普惠金融体系重点是探索推行差别化金融政策。针对各地经济发展水平、区域特色、组织化程度的不同，金融机构提供的服务手段和产品不断创新。主要方式是实行金融与财政结合，放大财政扶贫资金效益，实现"输血式"扶贫向"造血式"扶贫转变。另外还包括创新担保方式，搭建平台推动金融机构创新发展、稳健运行，创新观念，发展证券、保险、信托和金融租赁等多元化融资渠道。

存款准备金政策的制订和调整直接影响区域货币供应量。统一的存款准备金政策可能导致区域内货币分布不均，影响区域经济发展。促进区域协调发展就是要根据区域实际情况，不断调整存款准备金率，保证区域内资金和货币供给充足。

再贴现政策主要是针对欠发达地区的票据市场。目前，我国实行差别利率有一定的区域限制，针对不同地区票据的真实性考量、审核程序等方面的差异，要求地方政府和国家有关部门尽快出台完善统一的再贴现政策。

3. 公共投资政策

公共投资政策的实质是政府购买性支出。由宏观经济理论可知，政府购买性支出具有乘数效应。公共投资可以改善公共服务设施，可以为区域内居民提供更高水平的教育卫生和文化体育服务，提高人口素质，也可以优化营商环境，吸引区域外优质的资本、人才集聚，进一步扩大需求。常用的政策工具包括建设资金安排政策、重大项目倾斜政策、重大项目融资支持政策和投资环境优化政策。

建设资金安排政策往往是更高层级的政府对所辖各区域的建设资金安排。如我国中央政府对国内四大板块的投资安排，江苏省政府对苏南、苏中、苏北地区的投资安排等。建设资金安排最主要的方式是为政府投资类项目开发建设主体注入建设资金。对于需要重点支持的区域，上级政府可以加大建设资金的投入力度。如中央为了支持西部大开发，提高中央财政性建设资金用于西部地区的比例。

重大项目倾斜政策是上级政府对所辖区域投资安排的一种方式。上级政府利用其在基础设施及产业项目建设上的投资决策权，选择一部分地区进行重点投资支持。与直接安排建设资金相比，重大项目倾斜对于本身财力较好的区域有更大的投资效果；同时也为欠发达地区提供了造血机制。例如，近年来国家支持西部大开发，优先在西部地区布局水利、交通、能源等基础设施投资，并在有特色的高新技术及军转民技术产业化项目上投资，提高西部地区经济发展的活力。

重大项目融资支持政策主要是针对重大区域基础设施、民生设施建设，由于项目自身非盈利性或投资回报期较长等原因，难以使用传统商业银行融资的项目。一般会借助国家政策性银行贷款、国际金融组织和外国政府优惠贷款，对重点支持或扶持的区域加大贷款安排或实行政府担保、汇率优惠等政策，确保建设资金到位。

改善投资环境政策相比前几项政策，更多是改善投资"软环境"，如优化营商环境政策。近年来，国家将上海、北京作为世行评价中国营商环境的样本城市，就是为了以点带面改善区域投资环境，更好地吸引和服务全球市场主体。

4. 人口政策

人口政策是为了调整或改善一个国家或区域的人口结构而采取的相应政策措施。如我国在 20 世纪 70 年代末为了解决人口基数大、生育率高的问题开始实施的计划生育政策；到 21 世纪初，由于人口出生率骤减、人口红利开始消失，我国先后放开单独二孩、全面放开二孩和全面实施三孩生育政策等。

人口政策是各类区域协调发展政策中最核心的政策。人口的数量和分布决定了区域劳动力基础和区域需求基础；劳动力自由流动是形成更合理区域分工的前提条件；而人才等高端生成要素的数量和质量，直接决定了区域发展的质量。因此，区域协调发展中的人口政策关注的不仅仅是人口总量和结构问题，更关心作为生产要素的劳动力的数量和结构问题、劳动力是否能够自由流动的问题，以及作为高端生成要素的人才问题。常用的政策工具是人口户籍政策、就业政策、公共服务和社保政策等。

人口户籍政策是实现区域协调发展中最有效的政策。户籍政策的重点是打破传统的户籍制度限制，降低农村人口城市化门槛，促进人口有序流动和合理分布。特别是推动中西部地区和乡村地区人口向大城市、城市群流动、集聚，既可减轻这些地区的人口承载负担，提高人均资源拥有水平和劳动生产率，又可为大城市和城市群输送人力资源，增强消费带动能力。

人口就业政策是缩小地区间发展差距的重要工具。为欠发达地区的劳动力提供更加稳定的就业机会，增加来自非农业的劳动性报酬，是保障脱贫攻坚成果、缩小收入差距、实现共同富裕的基础性政策。促进劳动自由流动是人口就业政策的基本立足点，推进城乡区域就业一体化是人口就业政策的根本导向和努力方向。

公共服务政策旨在提升人口的基本公共服务保障能力，让广大人民共享改革发展成果。在国家层面加大向贫困地区、薄弱环节、重点人群实施基本公共服务投入倾斜，增强市县财政保障能力。在省级层面加大对省域基本公共服务薄弱地区的扶持力度，完善省以下财政事权和支出责任划分、规范转移支付，逐步缩小县域间、市地间基本公共服务差距。同时，推动城乡基本公共服务均等化，加快建立医疗卫生、劳动就业等基本公共服务跨城乡跨区域流转衔接制度。

社保政策的核心是建立完善的社会保险统筹制度。养老保险、基本医疗保险全国统筹对建设全国统一大市场、促进人口有序流动、实现共同富裕，具有重要意义。实现社保全国统筹的前提基础，是在各个省级层面、在各个地区的城乡之间，加快形成统筹机制。

5. 产业政策

产业政策是一个体系，不仅包括产业结构政策、产业组织政策、产业贸易政策和产业分工政策，还包括国家产业政策和地方产业政策。产业政策的重要价值在于市场无形之手的缺陷可通过有效的政府之手防止市场失效，提高资源配置效率。好的产业政策就是要科学处理政府与市场的关系，既要防止政府干预过度，又要防止市场竞争过度。我国区域产业政策建设，就是要以充分发挥市场在资源配置中的决定性作用、更好发挥政府作用、推动有效市场和有为政府更好结合为基本原则，以建设构建高水平社会主义市场经济体制、促进区域协调发展为导向。通过战略规划、财政、金融、科技创新、市场管理、土地管理、环境治理等路径和手段，推动产业合理布局、资源合理配置、市场有效竞争、区域分工合作，为增强经济增长极动能，促进全国经济可持续发展和缩小地区差距，实现共同富裕提供引导和支撑。当前我国区域产业政策建设重点主要有市场体系、要素市场、产业分工政策。

建设高标准市场体系是加快完善社会主义市场经济体制的重要内容。我们应坚持构建一个市场体系，该体系具有一体性、开放性、竞争性和有序性，积极推进区域一体化市场的构建，包括推进一揽子计划和共同发展模式等措施，促进区域市场协调和一致治理等方面，以促进全国范围内统一大市场的形成。除此之外，我们还需加大对市场基础设施的投资，特别重视产品流通渠道的畅通和综合交通网络的运行效率提升，同时加快公共服务设施建设，如快递处理中心和智能投递设施等。这种做法能够实现物联网行业和技术的示范性应用。

建立区域要素市场的目的是要打破行政限制，促进要素自由流动，提升要素资源的配置效率。这些举措的主要内容包括：促进土地资源市场运作、改革土地管理制度、采取"增存挂钩"的政策、加快城乡一体化建设用地市场、积极探索农村集体建设用地进入市场的制度，以及尝试建立全国范围的建设用地指标跨区域交易机制。推动有序的劳动力流动，通过户籍制度改革，提高人力资源服务水平，促进劳动力自由流动，从而实现资源更加公平的分配。推动本地区资本市场健康有序发展，扩大资本市场机构和投资者群体，以有效降低实体经济融资的成本。加快推进知识、技术和数据领域市场的发展，进一步完善促进科技成果转化的政策体系，同时成立专门的机构负责交易知识产权和科技成果产权，以促进数据市场的培育和发展。

产业分工政策旨在强化引导区域按照产业禀赋发展具有竞争优势的产业，推动形成产业及产业链的水平分工和纵向分工。促进产业转移是产业分工政策的重要内容。基于发挥各地比较优势，推动发达地区产业加快向欠发达地区梯度转移，形成更加合理有效的区域产业分工格局，促进区域协调发展。推动产业导出地加快产业升级、培育新兴产业，同时充分利用产业导入地的土地、劳动力等优势，实现产业链分工合作。积极改善产业导入地区营商环境，加快产业园区建设，更好承接产业导出地的产业转移，深化工业化进程。

三、区域绿色发展

生态优先、绿色发展，是推进区域经济高质量发展的重要理念和关键路径，是促进社会主义生态文明建设的必然要求。绿色发展，就是要处理好生态保护与经济发展的关系，在发展中保护、在保护中发展，推动实现经济社会发展与人口、资源、环境相协调的可持续发展。区域是绿色发展的承载空间和实践主体，促进区域绿色发展，不仅体现在各个区域自身要加快转变经济发展方式，构建科技含量高、资源消耗低、环境污染少的产业结构和生产方式，大幅提高经济绿色化程度，促进区域经济社会与生态环境的协调发展，还体现在各个区域之间的生态协调和共抓大保护，针对生态环境治理的流域性、系统性特征，构建共治共享的区域"一盘棋"机制。

（一）中国特色区域绿色发展理论

生态文明思想是我国区域绿色发展理论的基石。党的十八大以来，以习近平同志为核心的党中央把握全球绿色发展趋势，紧密结合我国发展实际，提出了五大新发展理念，推动习近平生态文明思想走向成熟，成为指导我国绿色发展、建设美丽中国的行动指南。对于中国特色区域绿色发展理论的发展，我们概括为三个方面：

一是"绿水青山就是金山银山"的绿色发展思想。"绿水青山就是金山银山"论述了生态环境与区域经济发展的辩证关系，是对生产力理论的重大发展。这一论断的区域经济学意义在于，区域经济学把生产要素划分为区域性要素和非区域性要素，生态环境是典型的区域性生产要素，具有区域黏性，既内化于区域本身，也是吸引并固定资本、劳动力等非区域性要素的重要条件之一。随着交通、贸易等区域一体化进程的推进，非区域性要素的流动性不断增强，生态环境等区域性生产要素在区域经济发展中的作用越来越大。马克思也强调，物质资料的生产和再生产都要以自然界的存在与发展为前提条件，自然环境与人类存在着双向互动性，人类必须尊重自然、顺应自然和保护自然。"绿水青山就是金山银山"指明了我国绿色经济转型发展的政策目标，即推动生态产品价值的实现。

二是"山水林田湖草是生命共同体"的统筹思想。"山水林田湖草是生命共同体"表明生态空间各要素之间是普遍联系和相互影响的，只有通过系统性思路保护与建设，才能实现生态良好的发展目标。[1]

三是生态优先绿色发展的系统治理思想。这一思想集中体现为正确把握高质量发展阶段的五对关系，即整体推进和重点突破、生态环境保护和经济发展、总体谋划和久久为功、破除旧动能和培育新动能、自身发展和协同发展等关系。

（二）区域绿色发展政策体系

区域绿色发展政策以区域绿色发展为施政目标，关键在于协调生态环境保护与经济社会发展之间的关系，不仅在于维持环境系统内部的稳定，保护民众的环境公共利益，还包括环境、经济的协同发展与环境社会资本的培育。2021年2月国务院正式印发《关于加快建立健全绿色低碳循环发展经济体系的指导意见》，对我国统筹经济发展和生态环境保护建设的关系、促进经济社会发展全面绿色转型、建设人与自然和谐共生的现代化作出总体部署。其中，区域经济领域的重要政策工具有循环经济政策、"双碳"政策、绿色供应链政策、绿色金融政策等。

2022年1月30日，国家发展改革委、国家能源局发布《关于完善能源绿色低碳转型体制机制和政策措施的意见》，文件要求完善能耗"双控"和非化石能源目标制度、建立碳排放控制机制、推进绿色能源消费、完善工业领域绿色能

---

[1] 成金华，尤喆."山水林田湖草是生命共同体"原则的科学内涵与实践路径[J].中国人口·资源与环境，2019，29（02）：1-6.

消费支持政策、完善建筑绿色用能和清洁取暖政策、完善交通运输领域能源清洁替代政策等。这些政策和措施旨在促进能源结构调整和转型升级，降低碳排放，推动可持续发展。

加快构建绿色发展支撑体系，是中国进入新发展阶段、贯彻新发展理念、构建新发展格局的关键举措，也是推进中国式现代化的必然要求。党的二十大报告明确提出，"推动绿色发展，促进人与自然和谐共生"[①]。这就需要把绿色发展放到全面建设社会主义现代化国家、构建人类命运共同体的高度进行系统谋划。推动绿色发展必须统筹推进文化、教育、人才、科技和产业支撑体系建设，通过有机联动、协同合作形成环环相扣、相得益彰的发展合力，充分满足人民群众对美好生活的需要，全面促进经济社会高质量发展。

四、区域开放发展

深化对外开放是我国区域经济发展的最强动能之一。立足新发展阶段，构建国内国际双循环新发展格局，更要把握经济全球化的新挑战、新趋势，推动区域开放发展，要在更高层次、更宽领域，以更大力度协同推进对外开放，深化开放合作，优化营商环境，构建开放型经济新体制，不断增强国际竞争合作新优势。

（一）中国特色区域开放发展理论

西方学界对于区域开放发展的理论阐述，更多是站在以跨国公司为核心的对外开放观，形成了国际分工、梯度转移、全球价值链、全球生产网络等理论。始终强调以跨国公司为核心构建全球生产和治理体系，在全球范围内根据资源禀赋优势布局产业链、创新链、价值链。其实质是一种自上而下的对外开放治理模式，是以西方跨国公司为核心基础、发达国家对发展中国家进行管理控制的开放发展模式，只考虑了西方发达国家和资本集团的根本利益，没有考虑发展中国家在全球化过程中的核心利益和发展诉求。同时，西方开放发展理论受到自由主义的严重影响，理论视角只注重单个区域的对外开放，没有注重区域整体的联动发展和合作开放，综合性和系统性都略显不足。

---

① 中国政府网．习近平：高举中国特色社会主义伟大旗帜，为全面建设社会主义现代化国家而团结奋斗——在中国共产党第二十次全国代表大会上的讲话[EB/OL]．（2022-10-25）[2023-01-22].https://www.gov.cn/xinwen/2022-10/25/content-5721685.htm．

中国整体开放的重要组成部分之一，就是推进区域开放。中国需要基于地区和阶段推进渐进式开放和发展，这是客观所需。中国通过逐步扩大区域开放，逐步推进市场经济改革，并依据中国国情制定特订的发展战略，这些做法符合发展经济学的原则并已在实践中获得了极大的成功。中国在推进区域开放方面的根本在于改革开放。这一经济法则既是推动中国区域开放发展的关键，也是实现可观经济收益的重要推动力。中国正在全力改革自由贸易试验区，践行区域开放政策和新发展理念，致力于落实国家区域发展战略规划。

区域开放发展需要考虑到本地与外部的紧密联系与相互开放，只有这样才能实现双赢的局面。所谓内外联动，是指开放提出之初，我国更多的是一种"单向"开放，即着重强调吸引外资、鼓励用劳动密集型的"中国制造"换取国外先进技术和管理。随着我国经济的不断发展，我们已经跻身于全球第二大经济体的地位，这意味着我们需要通过更多的经济交流与合作来满足不断增长的需求，传统的单一进出口模式已经不能满足我们的需求。因此，我国正在尝试寻求更多元化的新型对外开放通道，以更高的层次来实现这一目标。一方面，在自贸区建设方面进行尝试，突破既定的制度障碍，使海外企业更轻松地连接我国市场，促进生产资源的自由流通和高效配置；另一方面，通过出口自主知识产权产品，如高速铁路、通信技术和核能技术等，积极参与国际产能合作。这一举措加速了我们进军"国际市场"的进程，更深层次地推动了中国经济与全球市场之间的融合和交流。

（二）区域开放发展的政策体系

进入新发展阶段，我国积极制定和完善对外开放政策体系，推进构建更高水平的开放型经济新体制，在开放发展中争取更大的战略主动。未来一段时期，我国将坚持实施更大范围、更宽领域、更深层次的对外开放，不断构建完善区域开放发展的政策体系，促进区域合作，实现互利共赢。在区域开放发展政策创新方面，主要体现在以下四个方面。

1. "一带一路"东西双向开放

"一带一路"建设是为了统筹国内国际两个大局，谋划我国全方位对外开放新格局作出的倡议。中国最初的对外开放起始于东部沿海地区，然后逐渐向西扩展，由局部逐步向整体发展。在空间层面上，开放布局向内陆地区深入推进。在"十四五"规划纲要中，提出了加快中西部和东北地区的开放进程，同时巩固东部沿海地区和超大特大城市的开放领先地位。这将有助于促进内陆地区成为开放的先锋地带，并推动沿边地区实现高质量的开放。通过实行东西双向开放和中欧班列等措施，可以有效地连接国内东、中、西三大板块地区，促进陆海内外联动和东西双向互惠，从而创造出更高水平的对外开放，并使布局更加科学合理。

东西双向开放能够促进东西部平衡发展，弥补内陆和沿边地区对外开放的不足。通过利用内陆开放区域中的特定口岸，可以加速贸易流程并提高海关检查效率，同时减少贸易和物流成本，从而增强该区域的吸引力和产业竞争力。中国一直将东部沿海地区作为对外开放的领头羊，因此这个地区在对外开放方面积累了丰富的经验并拥有独特的优势。随着中国对外贸易的影响减弱，中国巨大的市场优势变得更加明显。经过时间的推移，东部、中部和西部地区逐渐向外开放，中部和西部地区的经济发展向东部沿海地区看齐，在经济发展和对外开放方面取得了更平衡和优化的区域开放态势。

2. 国际开放枢纽建设

国际开放枢纽将在当前构建的新发展格局中成为一个重要平台，即着力打造国内大循环的一个关键节点、国内国际双循环的一个枢纽连接。国际开放枢纽的提出，是我国推进区域开放合作的一项重大举措，对国家和区域的发展都具有重要意义。

国际开放枢纽建设是推动区域一体化发展战略的重大支撑，是落实区域一体化发展的重要承载地，是国家继经济特区、沿海开放城市、国家级新区、自贸试验区之后又一个全新的开放形态，在区域协同开放方面有着不可或缺的示范作用，同时也是对旧有区域功能的定位升级、开放升级、功能升级，以及全方位的战略升级。国际开放枢纽在推动总部经济集聚升级、深化服务业领域扩大开放、促进金融与贸易深度融合、优化区域营商环境等方面供献了巨大能量。

国际开放枢纽具备贸易、交通、总部经济、会展等内外联通功能，具有较好的服务区域和联通国际的能力。国际开放枢纽在产业上发展总部经济、商务、国际会展、国际贸易、数字经济等，新业态新模式不断涌现，获得了经济发展新动力。在载体方面，依托博览会、国际论坛、贸易平台等载体平台，发挥出贸易进出口和商品集散能力，进出口结构和进出口能级较优。依托国际贸易平台新模式和海外贸易中心建设，集聚大量高能级国际组织和各类高规格经贸活动。国际开放枢纽还具备联通国际国内的综合交通体系，拥有高水平的交通基础设施，包括海港、空港、铁路、公路、内河航运、轨道交通等，区域间和区域内外交通联通通畅，各类交通方式的一体化综合运输体系也十分完备。

除硬件设施外，国际开放枢纽也具备协同开放的各项改革创新制度，具备高效率的全球高端资源要素配置通道。国际开放枢纽平台多、环境优，要素自主有序流动，全球商务流、人才流、资金流、技术流、信息流高效配置。国际高端人才管理体系和管理制度完备，投资商务服务体系完善，区域投促一体化平台在区域内、区域间和海外三个层面形成投促工作网络，有效推进了资本要素市场化配置，推动技术要素市场发展。在内外双向开放上，国际开放枢纽是引领区域协同发展的重要引擎，相关政策有市场准入负面清单制度、国际贸易单一窗口服务、跨境双向人民币资金池、企业"走出去"综合服务、区域认证企业自由贸易账户系统政策、区域企业商标权质押登记、区域电子证照深化应用、企业事务跨区域"一网通办"等，在数字贸易、金融服务、信息服务、会展服务等领域拥有更多协同开放措施。

3. 自由贸易试验区

自由贸易区是指两个以上的主权国家或单独关税区通过签署协定，在世界贸易组织最惠国待遇的基础上，相互进一步开放市场，分阶段取消绝大部分货物的关税壁垒和非关税壁垒，改善服务和投资的市场转入条件，从而形成的实现贸易和投资自由化的特定区域。自由贸易区在开放的类别、层次和货物、资金国际性流动的自由度上有显著扩大，是开展离岸贸易和离岸金融活动的前沿阵地。

自贸区的对外开放，既有贸易开放，又有投资与金融开放；既有商品和服务市场开放，又有要素与资源市场开放。而且，要通过深化开放推动政府"放管服"改革，健全事中事后监管体系，构建透明、公开的商事、财税、司法、市场监管体制体系；建设国际贸易"单一窗口"，提高贸易便利化水平；完善外商投资准入前国民待遇加负面清单管理制度，减少投资限制，降低准入门槛，提高监管效率；构建透明开放的知识产权保护以及其他纠纷执法司法体系。[①]

4. 综合保税区

综合保税区是一个综合了保税区、出口加工区、保税物流区和港口功能的特

---

① 黄加宁. 经济全球化背景下的中国自由贸易区之路[J]. 时代法学, 2012, 10 (03): 93-99.

殊区域。这个区域可用于开展多种业务,如国际中转、配送、采购、转口贸易和出口加工等。它还是国内功能最全的海关特殊监管区之一。综合保税区是一种海关特殊监管区域,位于内陆地区,能够承担保税港区的功能。该区域受海关监管,并按照相关规定进行管理。

综合保税区在税收、物流仓储贸易、海关监管等方面实行诸多优惠措施。对境外进口材料设备、境内出口产品等实行免税,对出口产品所需材料予以全额保税,从区外进入综合保税区的货物可办理出口退税,企业水电气实行退税,境内外货物也可以自由进出。在物流仓储贸易方面,存储品种和时间不受限制,产品可享受免税退税等多种优惠。企业在海关监管方面,如各种申报手续、备案管理、委托批准、保税监管等方面具备诸多便利。

综合保税区加速了沿海沿边地区的发展,加速了经济体制改革、对外经济开放和国际惯例接轨的进程。而在内陆地区,综合保税区使内陆地区在现代物流业发展、国际贸易和外向型经济等方面具备产业平台优势和更加优厚的特殊政策优势。不同地区、不同企业的原材料、半成品、成品等汇集至保税物流园区,拼箱后再发至世界各地,运输成本可以大大降低,对外协同开放能力大大增强。综合保税区还为各类开发区提供国际采购、保税仓储、国际中转、分拨配送、流通性简单加工等物流服务,加速物流集聚效应。内陆地区的综合保税区可承接沿海加工贸易产业转移,促进加工贸易转型升级,实现保税与保税加工的深度融合,加速实现东西双向协同开放和外向型经济发展。

五、区域共享发展

共享发展是中国特色社会主义的本质要求。在 2020 年全面建成小康社会后,在一个较长时期内我国仍将面对比较突出的城乡差距、区域差距。如何缩小城乡区域差距,如何让全体人民共享发展成果,有更多的获得感、幸福感、安全感,促进人的全面发展和人民共同富裕,这是我国建设社会主义现代化国家需要努力落实的重大任务和必须实现的重大目标。深入推进区域共享发展,特别是围绕公共服务的城乡及区域均等化、公共资源的城乡区域共享,以及城乡区域的共同富裕,都需要建立健全积极有效的推进机制和配套政策。

（一）中国特色区域共享发展理论

西方经济学涌现出众多的思想流派，其中发展经济学是研究发展中国家如何实现经济发展的理论。虽然提出了贫困的多维性的观点，但由于过分强调发展，忽视了共享与发展的协同共进，在实践中会导致贫富差距越来越大。福利经济学主张政府通过颁布福利政策、发展福利事业解决贫富差距过大问题，但降低了发展效率，为经济发展带来隐患，不可能从根本上实现共享发展。凯恩斯主义经济学强调政府在再分配中的作用，但把福利政策不足归结为稀缺性，认为发展中国家经济增长与社会发展不平衡的根本原因在于"福利"稀缺、资源量化分配失灵，却没有抓住发展这一实质。这些理论为人类社会追求共享发展作出了一定的贡献，但没有从根本上实现共享与发展的统一。

习近平总书记提出的共享发展，注重的是解决社会公平正义问题，旨在促进经济社会发展的物质文明成果和精神文明成果由全体人民共同享有。在中国特色社会主义建设的伟大实践中，毛泽东时代实施的区域均衡发展战略，邓小平时代的"两个大局"的区域非均衡战略，以及此后实施的区域协调发展战略，始终都在探讨实践，在国土空间广阔、城乡区域差距大的基本国情下，如何走出一条具有中国特色的共同富裕道路。改革开放让我们找到了这条道路，这就是坚持新发展理念的中国特色社会主义道路，就是坚持以人民为中心的共同富裕。

在人口众多的老少边穷地区，打赢脱贫攻坚战、全面建成小康社会，巩固拓展脱贫攻坚成果与乡村振兴有效衔接，共同开启社会主义现代化国家建设新征程，这些重大部署和伟大成就，不仅成功践行了共享发展理念，而且进一步丰富和发展了区域共享发展理论。"四个共享"与打赢脱贫攻坚战的紧密结合，形成了区域共享发展的理论基石和理论体系，从理论上回答了"谁来共享""共享什么""如何共享""如何推进"等重大问题。既要强调发展，注重发展速度与发展质量，又注重解决社会公平正义问题，在高质量发展的基础上实现全体人民共享发展成果。

中国实践、中国理念为世界减贫理论创新发展作出了突破性贡献。西方反贫困理论把贫困的原因归结为贫民过多生育而导致人口过多，或是认为经济发展的涓滴效应会自然解决社会贫困问题。但很多发展中国家这么多年仍然没有从根本上消除贫困，世界减贫理论需要更深层次的创新和发展。中国的贡献在于把"四个共享"全面落实到脱贫攻坚战,而且建立了完整有效的方法体系和政策体系。比如我国的脱贫攻坚与乡村振兴,为确保所有人共享全面小康,把集中连片特殊困难地区作为主战场,着力解决"两不愁三保障"突出问题,努力使农村贫困地区和贫困人口全部脱贫摘帽;为确保人人都共享改革发展成果,实行扶持对象、项目安排、资金使用、措施到户、因村派人、脱贫成效"六个精准",实行发展生产、易地搬迁、生态补偿、发展教育、社会保障兜底"五个一批",促进民生事业发展,使农村贫困人口全面享有我国各个领域的建设发展成果;在共建共享方面,广泛凝聚全党全社会力量,发挥贫困群众主体作用,激发脱贫内生动力;在渐进共享方面,以共同富裕为最终奋斗目标,根据不同地区农村经济社会发展水平实施相应的治理措施,逐步提升农村贫困人口的生活水平,不断朝着共同富裕稳步前进。

(二)区域共享发展的政策体系

1. 中央转移支付政策

中央转移支付政策的核心是区域补偿政策。中央转移支付政策,是缩小区域经济发展差距的实践中最常用的一种政策工具。主要包括一般性转移支付和专项转移支付。区域经济视角下,一般性转移支付旨在通过加强对欠发达地区、老少边穷地区的转移支付,以改变均衡性转移支付与所得税增量挂钩的方式,保证均衡性转移支付的增加幅度大于总体转移支付的增加幅度。专项转移支付,主要是上级政府部门为实现特定的社会发展目标和经济目标,给予下级政府的资金补助,重点用于农林水、教育、医疗卫生、社会保障和就业、交通运输、节能环保等领域,重点解决地区之间、城乡之间发展不均衡。[①] 从具体内容看,中央转移支付政策主要包括以下几方面核心内容。

(1)农业专项转移支付政策

根据《国务院关于探索建立涉农资金统筹整合长效机制的意见》的文件精神,中央财政农业相关转移支付项目实施"大专项+任务清单"的管理方式改革,中央财政设置农业生产发展资金、农业资源及生态保护补助资金、动物防疫等补助经费、农田建设补助资金等大专项。

---

① 黄顺魁,张心华. 转移支付对落后地区经济发展的影响[J]. 理论研究,2014(04):37-43.

(2)教育转移支付政策

教育转移支付政策主要包括:将财政收入中用于支持农村教育发展的部分向西部地区农村倾斜,用于支持中小学校建设的中央财政专项资金向西部地区倾斜;完善中部地区义务教育经费保障机制,推进义务教育均衡发展;支持中部地区义务教育学校以及公共卫生与基层医疗卫生机构实施绩效工资。保障农村教师的工资收入水平,落实完善乡村教师生活补助政策,鼓励有条件的地方进一步提高补助标准。特别是要根据学校艰苦边远程度实行差别化补助,越艰苦的地方、越困难的地方,补助标准、补助水平越要高一点,这样才能促进优秀教师向乡村流动,重点向"三区三州"等深度贫困地区倾斜,促进困难地区学校师资短缺以及结构不合理问题的解决。

(3)科技转移支付政策

中央政府划拨专项资金,旨在支持地方政府实现国家科技发展和地方经济社会发展目标。这些资金用于提升当地科学研究基础设施、促进科技创新环境、加强基层科技工作,以及推动科技成果的转移和转化。旨在推动该地区的科技创新水平提高。财政部和科技部共同分担管理该资金的责任。在此,建议加强地方科研基础设施建设和人才培训,建设专业化的技术创新平台,并设立科技创新创业服务机构。同时,以多种支持措施开展地方科技创新项目的示范探索。

(4)社会保障转移支付政策

社会保障转移支付政策旨在通过向劳动力市场注入专项资金,以提高劳动者的就业技能和能力。该政策采用多种激励措施,如提供职业介绍补贴、职业培训补贴等,以资金形式支持其实施。此外,该政策还鼓励个人自主创业,并且提供了小额贷款担保或贷款贴息等形式的资金支持。为了缓解就业难题,政府针对困难就业人群推出了多项政策,比如为从事公益性工作的人提供补贴,资助他们缴纳社会保险,并执行特殊就业政策,给予相应的补贴等手段。专项就业资金提供资助给公共就业服务,如推动城乡医疗保障制度的普及和拓宽制度适用范围,支持加快推进保障性住房项目的建设。

(5)生态环保转移支付政策

生态环保转移支付政策包括统筹一般性转移支付和相关专项转移支付资金,建立激励引导机制,加大对生态补偿和财政资金的投入力度;中央财政支付西部地区的退耕还林、天然防护林、退牧还草及防沙治沙相关的粮食、种苗及现金补助；中央财政支付草原生态补偿，用于国家级公益林森林生态效益补偿；设置中央专项财政资金用于中部地区可再生能源开发、节能减排等。

（6）税收返还政策

为推动中西部和东北地区发展，中央在中西部和东北地区实施税收返还政策，对于注册在当地的企业，财政根据企业的纳税情况按照一定比例进行返还。

2. 减贫扶贫政策

改革开放以来，我国减贫扶贫取得了较大的成效，扶贫取得的成效随着时间推移逐渐呈现出从小范围向大区域辐射的态势。区域经济学视角下，我国减贫扶贫政策主要有以下几方面内容。

（1）产业扶贫政策

产业扶贫政策包括促进贫困地区的特色产业、加强农业种植和养殖、推进森林和草原建设、发展农产品加工业、推广特色手工业、扶持休闲农业和乡村旅游等，以达到提高贫困家庭收入的目的。继续推广电子商务扶贫计划的实施，并进一步加强农村电商综合示范项目的推进。我们应该鼓励贫困地区的农村资源朝着资产化的方向发展，采取将资金转化为股权的方式，并支持农民成为公司股东，以此实现积极的推动作用。这一改革目标是为了通过财产的再利用以及投资或参与投资来增加集体经济收入。

（2）基础设施建设政策

基础设施建设计划覆盖了众多领域，其中包括但不限于农田灌溉、饮用水供应、交通运输、物流、电力、通信技术、住房改善以及环保措施。此外，还包括了移动应用程序和智能终端技术的研发。

（3）教育扶贫政策

教育扶贫政策包括改善贫困地区的基础教育，具体方法是升级老旧的学校设施、提高乡镇寄宿制学校和乡村小规模学校的建设标准和质量等。加大对贫困地区农村基础设施建设的投入，提升学校网络设施的质量。另外，我们将提升城乡教育资源的互通共享机制，并引入"网络课堂"，以提供更加广泛、更具品质的教育资讯。加大经济支持力度，提供更多教育援助，给予贫困地区的教师更多的帮助和支持，适度增加农村教师的津贴，并保障城乡教师的人才组合是合理的；

积极关注和支持特岗计划,特别是针对贫困地区教师的计划。这将有助于增强教师之间的协作和交流,促进他们的教学能力和职业素养的提高。在农村地区加大对杰出教师的奖励支持力度,设立奖励基金以奖励那些在贫困地区尽职尽责的优秀教育工作者,并通过公益募捐等方式来实现。建立完备的资助政策体系,确保各级各类教育都能得到资助,让所有贫困地区的学生都能够获得资助帮助。

(4)健康扶贫政策

健康扶贫政策包括贫困人口全部纳入城乡居民基本医疗保险、大病保险和医疗救助保障范围;加大对贫困人口的医疗救助和其他保障政策的帮扶力度;加强贫困地区乡镇卫生院和村卫生室能力建设;深入实施医院对口帮扶,全国963家三级医院与832个贫困县的1180家县级医院结对帮扶,为贫困县医院配置远程医疗设施设备,全面建成从三级医院到县医院互联互通的远程医疗服务网络;实施贫困地区村卫生室和乡镇卫生院医疗卫生人才培育政策;实施贫困地区县乡村医疗卫生机构一体化管理,构建三级联动的医疗服务和健康管理平台,为贫困群众提供基本健康服务。

3. 乡村产业振兴政策

乡村振兴作为党和国家的一项伟大战略,是农村、农民、农业的全面振兴,也是乡村经济建设、文化建设、政治建设(包括党建)、生态建设、社会建设五位一体的振兴。其中,产业振兴是乡村振兴的重要一环。乡村产业振兴,要持续推动一、二、三产业融合发展,实现农业产业链延伸融合,打造新产业新业态,实现城镇与乡村联动发展。区域经济学视角下,乡村产业振兴政策主要包括以下几个方面。

(1)县域经济发展政策

县域经济是区域发展的基石,也是乡村产业振兴的重要依托。乡村产业振兴,需充分发挥县域在城市和农村地区的联结作用,激发县域经济活力,为推动城乡统筹和区域高质量发展提供有力支撑。具体内容包括:提升县域经济发展水平,创造充分的就业岗位,鼓励农业剩余劳动力就近就业,解决农村地区劳动力就业难题;发展壮大中心镇和特色小镇,引导基础设施和公共服务随人口流向供给,不断增强县城综合承载力和辐射带动力;引导多主体加强合作,探索产业关联度高、辐射带动力强、多种主体参与的融合模式,实现多主体优势互补与利益共享。

（2）产业融合政策

优化农产品加工产业结构，推进农产品加工企业规模化、品牌化、智能化、网络化发展，提高农产品附加值；挖掘乡村的生态价值，大力发展休闲农业和乡村旅游，促进乡村一、二、三产业融合发展；发展乡村民宿、文创农业等新业态，积极培育新业态、新模式；发展壮大乡村产业，把乡村生产有机融入现代产业体系，让农民深度融入现代产业链、价值链。

（3）创新创业政策

建成一批具有区域特色的农村创业创新园区（基地），为返乡下乡创业创新人员提供场所和服务；鼓励农民创新创业，以创新引领创业、以创业带动就业，多渠道促进农民增收，推动农村居民消费升级，更好拉动城乡经济发展；鼓励工商企业、社会资本参与乡村振兴，以及引导和培养更多具有乡土情怀和视野开阔的企业或企业家、创业人士、优秀人才等，推动乡村产业发展。

（4）绿色农业发展政策

加快发展绿色农业、循环农业，实现农业供给体系质量和效率提升，实现农业与工业良性循环、互促发展；加强绿色农产品品牌建设，打造地产绿色优势特色农产品，形成特色产业县和乡村，满足城市地区对高品质农产品的需求。加强不同地区的分工和协调，为欠发达地区打造绿色农产品生产基地，为发达地区提供绿色农产品。发达地区应加强高品质农产品的监管，保障农产品供应绿色安全可追溯。

第四章 区域经济发展战略转型

本章为区域经济发展战略转型，包含区域经济发展战略的含义和特征、区域经济发展的理论基础和战略模式以及中国区域经济发展转型的战略三节内容，区域经济发展战略对我国经济协调发展的实现起到了重要的指导作用。

第一节 区域经济发展战略的含义和特征

区域经济发展战略是为解决区域内有关全局性、关键性的经济和社会发展问题所作的规划和决策。具体而言，指的是对某一地区经济和社会发展情况的分析、评估，考虑各方面的相互关系，确定该地区经济发展的指导思想、目标、重点问题及应采取的措施，以及需要考虑长期因素，包括分析该地区的未来发展趋势等，最终为该地区的经济发展提供全面的战略规划和决策支持。

一、区域经济发展战略的含义

区域经济发展战略是对特定地区的经济总体发展进行的规划、设计。它考虑到不同地域生产要素的状况和该地区位于国家经济体系中的地位，以规划地域未来的发展方向、策略为关键点，实现地域经济快速发展的目标。

"发展战略"一词最初是由美国著名经济学家赫希曼提出的，他在1958年的《经济发展战略》一书中首次使用了这个概念，将发展和战略相结合。当时，发展战略的重点在于研究如何利用发展中国家的潜能、自然资源等，推动其社会经济的发展。这可以被视为一种宏观的策略。随后，可以指所有国家、地区和企业的发展战略。在研究发展中国家问题时，西方经济学家和发展中国家学者都认为研究"发展战略"非常重要。

在我国，自20世纪70年代末，一些从事世界经济与地理研究的学者从国外引入了"发展战略"的概念。20世纪80年代初，我国著名经济学家于光远提出研究"经济社会发展战略"的倡议，得到了各方面的响应。实践证明，战略的制订和实施对特定区域的经济社会发展起到了积极的指导作用，在某种程度上成为区域或企业发展的投资指南[①]。

区域经济发展战略的内涵，就是倡导一种非均衡协调发展的区域经济发展战略。具体地说，有以下几点：

第一，非均衡协调发展战略是一种适度倾斜的发展战略。适度向沿海地区倾斜投资和生产布局是从全国整体规划的角度考虑的。由于地理位置和历史原因，东部地区更容易受到海外发达地区的经济影响，因此它能够迅速成为亚太地区新兴的经济中心。相比之下，它的起步更快，发展过程中的问题也较少。然而，适度倾斜政策需要平衡重点开发区域和非重点开发区域之间的关系，以实现各区域的优势互补、利益共享，而非简单的东部优先或均衡布局，这样才能最大化地促进各地区的发展。

第二，非均衡协调发展是一项具有活力和开放性的战略。国民经济开放体系中的非均衡协调发展是一个持续运动和发展的过程，而不是一个静态的状态。从宏观角度来看，需要通过投资和经济增长来推进生产力的空间布局，并在社会主义市场经济的框架下，协调好区域间经济关系以及中央与地方之间的关系。最终，形成东、中、西部地区的合理格局，并以效率为先、公平为重的原则，促进中西部地区的经济发展。

二、区域经济发展战略的特征

（一）全局性

区域经济发展战略是从全方位综合考虑的，其中需要研究各种关键问题以及对全局产生影响的各个方面，这些方面包括研究的系统在不同的发展时期所处的环境。它是对国家、地区或城市长期目标、总体策略、实施途径等的简明总结，起着指导性、长远性的作用。区域经济发展战略的主要作用在于制订经济发展的基本原则，而非具体规划经济发展的方案。

---

① 刘英. 区域经济与区域文化研究[M]. 兰州：甘肃人民出版社，2015.

(二)系统综合性

区域经济发展战略需要处理各因素之间错综复杂的关系，这些因素互相依存、相互作用形成了一个极其复杂的系统。首先，制订区域经济发展战略需要的条件是多方面的，它包括自然环境、自然资源、劳动力、资金条件、交通运输条件、文化教育条件以及区位条件等，并需要对诸多条件因素进行综合分析和评价，以期正确地估计所处区域的经济发展环境。其次，它涉及的发展部门是多方面的，既有物质生产部门，也有社会的发展部门。再次，它既包括企业行为，也包括政府行为。最后，区域经济发展战略需要综合考虑人口、资源、环境、经济等多个领域的因素。这是一个复杂的课题，需要从整体上把握它们的关系，作出决策。因此，必须制订系统科学的规划，召集各领域和行业的专家和人才，进行综合研究，以此达到全局认识的目的。

(三)客观性

区域经济、社会发展情况以及时空等，都是客观存在的，这些因素为制订区域经济发展战略提供了依据。区域经济发展战略需要先对具体地区的经济条件、市场状况等因素进行分析，然后进行规划，为该地区未来的发展指路。因此，区域经济发展战略具有客观性，这是其具有实践意义的前提，是衡量一个战略是否成功的关键，也直接影响到区域经济发展战略对规划和计划的指导作用。

(四)长期性和阶段性

区域经济发展战略不仅仅看重眼前，更注重长远发展。与短期效应的活动和措施相比，它具有更持久和深远的意义。所以，有战略眼光的领导者永远不会只追求眼前利益而忽略长远发展。未来的发展趋势需要结合过去和现在的情况进行探究，而这种探究要以当前为基础。考虑当前和未来之间的关系是制订战略时必须要注意的要素。制订战略时，需要考虑长期持久性，并且战略目标和对策之间需要有一定的弹性。此外，在策略规划过程中应注重平衡近期和中长期策略的关系，以确保策略的持续性和稳定性。区域经济发展战略总是为某一特定的时间范围内实现某种目标而设立，因此不是一成不变的。当某一阶段的战略完成了它的历史使命，或与战略对象的新情况不相适应时，必然要被新的战略所取代。

（五）地域性

区域经济发展战略是在宏观发展战略指导下，谋划区域发展的总体构想，因此，它不同于国家的发展战略，而必须根据区域的具体情况制订，带有强烈的区域性特征。不同的地域范围、层次、地点、不同的区情、不同的主体，所制订的区域开发战略往往也不尽相同。

（六）层次性

在制订下一层次的战略时，需要确保其与上一层次的战略要求相一致，而不应有相反的倾向。在制订经济发展战略时，各地应当遵循全国的整体战略规划，确保各行各业的战略目标与国家宏大的发展目标一致。在区域或企业中，战略决策是提升竞争优势并实现快速发展的关键，但一旦战略决策出现失误，其影响可能会波及整个局势，带来严重的后果。因为战略决策要考虑到所有方面以及对未来的种种影响，所以决策是基于战略预测的。战略预测需要考虑长期和潜在的因素，以及可能存在的隐蔽、灾难性情况。

三、区域经济发展战略的走势与趋向

在规划我国区域经济的新发展策略时，必须考虑到我国地域的多样性和独特性。为了实现整体和局部利益的平衡，应当将东部沿海地区与中西部地区的经济发展有机地结合起来。这样，就可以通过东部沿海地区的繁荣经济来带动中西部地区的经济发展，实现我国沿海与内陆、东部和中西部地区经济的协调发展和增长。

目前关于我国应该采取何种区域经济发展战略有以下几种观点：第一，区域经济协调发展战略。它要求采用以"坚持区域经济协调发展，逐步缩小地区发展差距"作为基本方针，从"九五"计划期间开始，逐渐增强中西部地区经济协调发展的力度。根据市场经济的规律和联系，重要的是要利用中心城市和交通要道为基础，打破行政界限，在已经形成的经济布局上，规划多个跨省区市的经济区域。同时，应当充分拓展各地区的优势产业，避免产业结构单一，推动区域经济稳定发展。

第二，多极增长发展战略。就是选定中西部地区的几个省市或地区或流域（例如长江流域），像之前协助东部沿海增长极一样，推动其成为新的经济增长极。

第三，采取以协作互助为核心的协调发展战略来促进沿江经济带的发展。这一战略的主要内容涵盖了以下几个方面：以水资源的开发和利用为核心，将挖掘、利用"黄金水道"的潜力与促进灌溉农业发展，以及推进高能耗、高用水量和大运输量的工业体系发展相结合；通过市场机制实现资源的互补利用和协同发展；为了推动区域经济的可持续发展，需要协调一般产业和高新技术产业，建立沿江经济带市场联合体，协调区域市场和金融市场。在实施这一策略的过程中必须贯彻资源开发利用与环境保护相结合的理念。

以上三种论点均在合理、科学和可实施的范围内。它们充分考虑了我国区域经济发展不平衡的客观现状，并意识到制订发展战略应该从全局的角度出发，关注如何实现区域经济的协调发展。此外，十分注重我国区域发展中的公平与效率问题，目的是在三者共存的前提下找到最优的区域发展模式。因此，我国应当实行非均衡协调发展战略。

非均衡协调发展战略考虑到我国不同地区在同一产业或同一产业内的投入产出效果不相同，且在资源有限的情况下，为提高资源配置效率，确保国民经济较快增长，国家须集中有限的人力、物力和财力，对重点开发地区的关键产业增加资源分配和财政投入，以实现整个国家区域经济的协调发展，从而使中西部地区和东部沿海地区实现共同繁荣。

此外，各地区和产业的经济发展需要相互协调。要实现非均衡协调发展战略，就需要国家实施适度的倾斜政策，并确保这些政策以促进地区产业的协调发展为前提条件，所以，适度倾斜与协调发展的有机结合成为该战略的关键要素。

第二节　区域经济发展的理论基础和战略模式

一、区域经济发展的基本理论

（一）区域经济均衡发展理论

区域经济均衡发展理论也被称作区域经济平衡发展理论。区域经济均衡发展理论是在20世纪40年代首次提出的，它在区域经济非均衡增长理论诞生之前一直是学术界的主流理论。这一理论模式旨在寻求帮助发展中国家和地区掌握经济增长的方法。发展中国家和地区的经济滞后是深层次、地区性的问题，仅仅进行零星或局部的投资并不能够有效解决其发展难题。因此，这一理论强调在整个工业或国民经济全行业内同步开展大规模投资，按照不同比例或相同比例实现全面发展，从而推动工业化或整体经济的发展。

（二）区域经济非均衡发展理论

根据区域经济均衡发展理论，一些经济学家提出了区域经济非均衡发展理论，认为区域经济的均衡发展理论存在一些缺陷。平衡发展理论主张注重工农平衡发展，然而它忽视了经济发展的核心目标——将人力资源从低产出部门有效地转移到高产出工业部门。尽管农业对工业发展的支持至关重要，但是经济发展需要达成的是实现人力资源的转移和优化利用。平衡发展战略无法实现这一目标。辛格的观点是，平衡增长并非从事业的起点开始，而是从历史结果的地方出发。为了恢复失去的均衡，可能需要尝试不平衡的发展措施。所以，区域经济非均衡理论认为，在发展中国家或某个地区中，没有足够的资本和其他资源来实现全面增长，相对均衡的增长是不可能的。投资必须有所选择，只能在某些部门或区域进行，而其他部门或地区则是通过利用这些投资所产生的外部经济效应而逐渐得到发展的。增长极理论、循环累积因果理论、中心—外围理论等都是这个理论的主要代表。

（三）区域经济协调发展理论

自二战以后，很多发展中国家将工业化视为首要目标，并制订了多种经济发展策略。但结果显示，尽管经济发展的目标得到了实现，但贫富分化、城乡差异不断扩大，贫困人口逐步增加，大部分穷人的生活水平未见明显改善。一些国家过分强调工业化，而忽略了农业的发展，导致国民经济的不协调。此外，这些国家经常采用高投入、低产出的方式，刺激高消费，却漠视经济效益，因此陷入了一种恶性循环。这种情况不仅妨碍了经济的发展，有些国家甚至出现了经济衰退。因此，逐渐有人意识到增长、发展之间存在巨大差异，并提出了以"满足人民基本生活需求"为中心的发展战略思想。在制订1970年至1980年国际发展战略的过程中，联合国在经济增长和工业发展目标之外，添加了社会发展目标，旨在将经济发展同社会进步相结合,实践"增长与公平"的发展策略。这表明区域经济协调发展成为重要的讨论话题。其核心目标是研究如何促进区域经济的共同发展和繁荣,实现区域经济利益以及社会进步的协调发展。

二、区域经济发展的战略模式

经过对区域经济发展理论、发展中国家和地区经济发展战略的实施总结,可以发现,区域经济发展战略模式主要包括以下几种类型。

(一)均衡发展战略模式

均衡发展战略模式最初是发展中国家和地区促进经济发展的一种战略模式,它建立在区域经济均衡发展理论基础之上。该模式重视需求,采取在不同行业和地区同步使用资本的方式,以扩大市场规模,满足多方需求,从而推动经济的稳步增长。

均衡发展战略注重于促进社会公平,缩小地区间发展差距和维护社会稳定,在经济发展到一定阶段的时候有利于区域和产业整体发展,因而该战略的实施取得了一定成绩,但具体到不发达地区的实践上,往往是行不通的。首先,这是因为不发达地区普遍存在资金有限、外汇短缺现象,分散使用力量将一事无成。特别是在发展初期采取平衡增长战略中的"大推进",不可避免地会损害人民的即时福利,导致各方面关系紧张。若要采取这种策略,就必须建立高度集中的行政管理制度。这种制度会过度干预经济活动和民生事务,实施时间过长会超过人民的承受能力。并且,过度集中的行政管理机构会削弱经济的活力。其次,过分注重地区间公平和产业平衡,忽视了效率优先原则。区域经济发展必须遵循地域分工原则,发挥地区优势,尽量扬长避短。如果违反这些要求,关起门来搞平衡,只能是低水平的平衡,是牺牲效益的平衡。因此,随着拉丁美洲的许多国家,尤其是伊朗巴列维国王的"大推进"经济改革的失败,越来越多的发展中国家和地区放弃了均衡增长战略。

(二)非均衡发展战略模式

非均衡发展战略模式又称倾斜发展战略模式,它建立在区域经济非均衡发展理论的基础上。地区经济的成长过程,实质上是产业部门的成长过程,而不同的产业由于条件、地位、作用不同，增长的势头是不一样的。在一定的时期内，地区资源只能选择在若干产业、若干地方进行集中的投入。

为了促进经济增长，区域经济非均衡战略模式主要通过重点发展一些产业或地区来推动其他部门和地区的供给，这种策略主要关注供给方面，以扩大市场供给为目标，确保经济的稳定增长。这种模式对于促进经济的发展所起的作用是巨大的，有利于重点产业、重点地区的发展，从而带动整个区域经济的发展和国民经济整体水平的提高，增强区域综合经济实力。但这种战略模式突出了局部而忽视了地区内部产业间地区间的协调发展，削弱了地区总体功能，重点产业、重点地区的发展并未发挥其应有的波及效果，对其他产业、其他地区的发展也没有起到很好的带头作用。相反很容易形成二元结构，结果造成了工农业失调，城乡脱节，落后与先进同在，过密与过稀并存，导致地区差距的扩大，激化各种社会矛盾。

（三）区域经济协调发展战略模式

这种模式整合了前两种模式的优点，且避开了它们的不足之处，它的形成是基于促进区域经济协调发展的理念。它强调了区域内产业和地区协调发展是至关重要的，尤其关注重点产业和地区在推动区域经济发展方面的作用。

区域经济协调发展战略模式要求按照统筹规划、因地制宜、发挥优势、分工合作、协调发展的原则，实现区域经济的协调发展。具体而言，各地应在国家规划和产业政策的指导下，选择适合本地发展的优势产业，以避免地区间产业结构趋同，推动各地经济向前发展。形成区域间彼此联系、优势互补的机制，从而实现区域间经济发展水平和人民生活水平的共同提高。许多国家都赞同这一模式的理论并开始广泛应用这种模式。

三、区域经济发展阶段的战略选择

区域发展会经历不同的阶段，这些阶段表现为逐渐推进的过程。对此，理论界按经济增长的程度、经济结构的成熟和高级化以及生活质量的改善等标准提出了不同的发展阶段理论，其中影响较大的有胡佛—费希尔的区域经济增长阶段理论、罗斯托的经济成长阶段理论等。

区域间经济发展是不平衡的，在同一时点上，会存在处于不同发展阶段的区域。因此，不同的区域应该根据不同的发展阶段，制订相应的区域经济发展战略。

（一）处于待开发阶段的地区

这类地区的一般特征是经济发展水平低下，农业所占比重很高，劳动生产率低下，自身积累很少，投资供给和市场容量不足，资金短缺。要走出贫困循环的陷阱，一靠发挥区内自然资源与劳动力优势，二靠融入外部资金、人才和技术。为此，其经济发展战略要着重于以下几点：

第一，保证资金投入的产业能够充分利用本地资源，并且该产业所需的技术要符合本地区劳动力的素质水平，同时还要保证该产业具有可持续发展的潜力。

第二，注重提升人口素质以及转变理念，积极推进教育事业，突破壁垒，加速市场发展。在初期，可以向外界提供劳务，减轻本地区的就业压力，并充分利用所积累的起步资金。

第三，积极运用招商引资的策略吸引优秀的人才和技术，让丰富的自然资源和劳动力成为促进经济发展的有利条件，还要与外部输入的资本和资源相结合。

（二）处于成长阶段的地区

这些地区通常已经迈过了工业化的起跑线，第二产业在国民生产总值中占主导地位，优势产业已经形成，经济增长的势头强劲。处于成长阶段的地区需要在区域经济发展策略上需要注意以下几个方面：

第一，应该加强和扩大优势产业部门，利用规模经济的优势，减少产品成本，以及开拓市场，进一步扩大该地区优势产品在国内外市场的份额。

第二，围绕优势产业，形成结构效益良好的关联产业系列。

第三，不断培植新产业，发展第三产业，特别是贸易、金融、信息、咨询、科教等，提高地区经济的结构弹性。

第四，沿若干开发轴线发展新的或次级的增长极，以促进区域经济向纵深发展。

（三）处于成熟或发达阶段的地区

这样的地区通常被归为国家经济中心地带，拥有悠久的工业化历史。此外，它们通常拥有完善的交通、运输和邮电通信等基础设施。地区内的第三产业很兴旺，经济构成良好，涵盖的范畴广泛，区域内积累资金的能力较强，而且人才素质很高。因此，这类地区经济发展战略的目标是如何防止潜在的衰退危险变为现实，保持和焕发区域经济的活力，其在经济发展战略上要着重注意以下几点：

第一，在产业结构上，需要淘汰那些失去比较优势的产品和产业，并集中精力发展新兴产业，引入和采用新技术，对传统产业进行改造。

第二，在市场结构上，要大力发展外向型经济，进行跨国经营，接受国际市场的挑战，促进区域经济走向世界。

第三，在空间结构上，以城市作为核心区，积极推进产业向城市周边地区扩散，形成融合城乡的大型城市经济圈。以资本为纽带，实现资产重组，跨部门、跨行业集团化经营，走立体化道路。

第四，在发展目标上，要更加重视社会目标和生态目标，即使是经济目标，也要强调经济增长的质量和效益。

（四）处于衰退阶段的地区

这类地区的一般特征是处于衰退状态的传统产业在产业结构中所占比重大，导致经济增长出现结构性衰退，经济增长缓慢，失去了原有的增长势头，此后，经济增长滞缓，区域逐渐走向衰落。因此，这类地区经济发展战略的重点是对传统衰退产业的更新换代，实现经济转型，以防止经济的继续衰退。值得注意的是，衰退阶段并不是一定要经历的阶段。当一个区域发现经济增长出现衰退特征时，如果及时采取有效的产业结构调整政策，就可以防止出现进一步的衰退，使经济维持稳定，甚至有可能促进经济进入新的增长期。

第三节 中国区域经济发展转型的战略

一、新世纪以来的区域协调发展战略

在改革开放的初中期，依靠以沿海优先为导向的区域非均衡发展战略，中国创造了世界经济发展史上的奇迹。作为一个拥有十多亿人口的大国，中国每年的经济增长率几乎都在9%以上，至2002年时中国经济总量居世界第六位，吸引外

资居世界第一位。东部沿海的长三角、珠三角、渤海湾三大经济区实现了经济腾飞,农村剩余劳动力以每年 2000 万—3000 万的规模向非农产业转移,在 20 世纪 90 年代中后期更多地向大城市和三大经济区转移,且呈现出加速的趋势。在这些动能推动下,城市化这样一个区域经济发展的必然过程以人们意想不到的速度提到了发展战略和政策、规划之前。①

但东部沿海优先发展战略的实施也导致东部沿海地区与中、西部地区之间出现了经济发展不平衡,以及社会发展不平衡的情况。1979—1999 年,东部地区与中、西部地区人均 GDP 差距由 228 元扩大到 5431 元;1999 年东部地区人均 GDP 比西部地区高 1.34 倍。②尽管这一时期中央也采取了一系列积极举措以期扭转地区发展不平衡问题,但成效并不显著。这是因为在对沿海地区率先放权让利、实行特殊政策的改革架构下,东部沿海地区的地方经济更加活跃。但地方利益也更加强化,引发了地方保护、地方竞争等新问题。各个地方通过特殊优惠政策、地方标准、地方规则,形成了阻碍要素自由流动和市场发挥决定性作用的行政区壁垒,资源要素反而进一步从中西部地区向东部沿海地区流出。

为了从根本上促进区域协调发展、缩小区域发展差距、深入落实"两个大局"战略构想,在世纪之交,中央对区域非均衡发展战略展开新的战略性调整。从效率优先转向协调发展,从东部优先转向全面协调,并以西部大开发战略为序幕和主场,全面实施区域协调发展战略。在进入 21 世纪以来的二十年间,区域协调战略不断深入,为 2020 年全面建成小康社会奠定了坚实的战略底座和经济社会基础。我们把这一时期分为两个阶段,即区域协调战略全面实施阶段(1999—2011 年)和区域协调战略深化阶段(2012—2020 年)。

(一)区域协调战略全面实施阶段

国家"十一五"规划(2006—2010 年)是我国区域发展战略的重要节点,确立了长期影响我国国土空间格局的两大战略——区域发展总体战略和主体功能区战略。区域发展总体战略包括推进西部大开发、振兴东北地区等老工业基地、促进中部地区崛起和鼓励东部地区率先发展,区域发展格局逐渐趋于均衡。主体功

---

① 陈淮.中国 80 年代以来区域经济发展战略的回顾与前瞻[J].经济问题,1996(05):8-12+62.
② 肖金成.区域发展战略的演变与区域协调发展战略的确立——新中国区域发展 70 年回顾[J].企业经济,2019,38(02):43-50.

能区战略将国土空间划分为优化开发、重点开发、限制开发和禁止开发四类主体功能区,按照各功能定位调整和完善区域政策和绩效评价,形成合理的空间开发结构。[①]党的十七大报告中(2007年10月)再次强调,继续实施区域发展总体战略,推动、促进区域协调发展,并明确提出了"缩小区域发展差距,必须注重实现基本公共服务均等化,引导生产要素跨区域合理流动"[②]的新思路。

1. 西部大开发战略

实施西部大开发战略的地区包括西南五省区市(重庆、四川、云南、贵州、西藏)、西北五省区(陕西、甘肃、青海、新疆、宁夏)以及内蒙古和广西,这一区域地域辽阔。该地区的面积为685万平方公里,相当于全国总面积的71.4%。虽然西部地区自然资源丰富、市场发展力较大,被视为我国重要的生态屏障以及战略发展空间,但因自然、历史和社会等方面的原因,该地区的经济发展比较滞后。在1999年9月,党的十五届四中全会提出了西部大开发战略。2000年12月,《国务院关于实施西部大开发若干政策措施》出台,西部大开发战略正式投入实施。

西部大开发是一项规模浩大的工程,此任务会面临重重挑战和困难。根据西部大开发"十一五"总体规划,将50年分为三个阶段,第一阶段是打下基础的阶段。在2001年至2010年期间,重点在于调整经济结构、加强基础设施建设、改善生态环境和促进科技教育等。加快建立和完善市场体制,发展具有特色的产业增长点,让西部地区的投资环境得到改善。制止生态和环境的恶化,促进其经济的发展,并使增长速度达到全国平均增长水平。第二阶段是快速发展的阶段。2010年至2030年期间,在前期基础设施改善、结构战略性调整和制度建设的成果上,进入冲刺阶段。在这个阶段,巩固以及提高基础,增强特色产业的发展,并全面升级经济产业化、市场化、生态化以及专业区域布局,让经济增长有一个质的飞跃。第三阶段是全面推进现代化的阶段。在2031年至2050年期间,优先发展某些地区,增强它们的实力并促进其融入国内和国际现代经济体系,以实现自我发展。同时,努力加快边远山区和农牧区的发展,提高西部人民的生产和生活水平,并全面缩小城乡之间的差距。

---

① 刘云中. 改革开放以来我国区域发展战略的逻辑演进[J]. 经济纵横, 2018(10): 36-42.
② 杨先农, 单考虹. 中国特色社会主义理论体系若干问题解答[M]. 成都: 西安交通大学出版社, 2011.

2. 东北振兴战略

东北地区包括辽宁、吉林、黑龙江三省，是我国重要的石油生产基地、钢铁生产基地和装备制造业基地。东北三省地域总面积80.61万平方公里，占全国的8.4%。按照国家东北地区振兴规划覆盖范围，还包括内蒙古的蒙东地区，规划总面积为145万平方公里，总人口1.2亿人。1990年以来，随着改革开放的深化，东北地区资源型城市和老工业基地的体制性、结构性矛盾日益显现，特别是国有企业所占比例偏高、市场化程度相对不足、内部资源供给能力下降，资源型城市尤其是资源枯竭型城市可持续发展能力弱，导致东北地区与沿海地区的差距不断扩大。党的十六大报告（2002年11月）提出了全面建设小康社会的伟大目标，作出了新世纪新阶段我国经济社会发展的一系列重大部署，其中强调了加快东北地区等老工业基地的调整，同时促进以资源开采为主的城市发展接续产业。2003年10月，中共中央和国务院颁布了《关于实施东北地区等老工业基地振兴战略的若干意见》，旨在推动东北地区等老工业基地的振兴。

2007年9月，国务院正式批复《东北地区振兴规划》，提出经过10到15年的努力，将东北地区建设成为综合经济发展水平较高的重要经济增长区域、具有国际竞争力的装备制造业基地、国家新型原材料和能源保障基地、国家重要商品粮和农牧业生产基地、国家重要的技术研发与创新基地，及国家生态安全的重要保障区，实现东北地区的全面振兴。特别是要以改革开放为动力，转变发展观念，增强发展活力；以老工业基地振兴为主线，提高自主创新能力，促进结构调整和优化；以资源枯竭型城市经济转型为突破口，加快解决经济社会发展的难点问题。

3. 中部崛起战略

中部地区位于我国内陆腹地，具有承东启西、连南通北的区位优势，包括湖北、湖南、安徽、江西、河南、山西六省，国土总面积102.8万平方公里，占全国的10.7%。中部崛起的战略内涵，就是要加快与东部沿海地区对外开放政策的对接、与振兴东北老工业基地政策的对接，加快缩小中部地区与东部沿海地区的差距，发挥中部地区承上启下的作用，同时造就国家发展的新增长极。2004年温家宝总理在政府工作报告中明确提出促进中部崛起战略，并将其纳入"十一五"规划。2006年党中央和国务院发布了《关于促进中部地区崛起的若干意见》。

2009年9月，国务院通过《促进中部地区崛起规划》，提出到2020年，中部地区基本建立现代产业体系，对全国经济发展的支撑作用明显增强，在发挥承东启西和产业发展优势中崛起，实现中部地区经济社会全面协调可持续发展，全面实现建设小康社会目标。要加强"三基地一枢纽"建设，尤其要着力改革开放，创新体制机制，转变发展方式，提升经济整体实力和竞争力；着力自主创新，调整优化结构，积极承接产业转移，大力推进新型工业化进程；着力优化空间布局，培育城市群增长极；着力发展循环经济，节约资源能源，保护生态环境，促进区域可持续发展。

4. 东部率先战略

东部沿海优先的非均衡区域发展战略创造了东部地区迅速崛起的巨大成效，也为进一步释放改革开放动能、增强经济竞争力，以及带动其他地区发展奠定了坚实基础。东部率先，就是要在深化改革、对外开放、转型升级、城乡统筹、区域协调等方面继续发挥先行实践、引领发展的作用。2005 年 6 月，国务院批准浦东新区在全国率先进行综合配套改革试点，提出着力转变政府职能、着力转变经济发展方式、着力改变城乡二元结构等"三个着力"的总体要求。2006 年 5 月，国务院发布了《推进天津滨海新区开发开放有关问题的意见》，同意将天津滨海新区确定为全国综合配套改革试验区。自 2003 年起，上海外高桥、上海洋山港、天津东疆等保税区已被国务院批准试行区港联动。

特别在应对 2008 年全球金融危机时，我国更加突出了东部率先的战略布局。如 2008 年 9 月，国务院颁布了《关于进一步推进长江三角洲地区改革开放和经济社会发展的指导意见》，该指导意见促进了长江三角洲地区的改革开放以及经济社会发展，旨在推动该地区经济一体化，增强自主创新能力和整体经济素质；有利于增强对中西部地区的辐射带动作用，推动全国区域协调发展；有利于提高开放型经济水平，增强我国国际竞争力和抗风险能力；有利于推进体制创新，促进建立健全充满活力、富有效率、更加开放的体制机制。2008 年 12 月，国务院发布《珠江三角洲地区改革发展规划纲要》，其中规定珠三角地区将拥有更加充分的自主发展权。2009 年 3 月，国务院批准了支持中关村科技园区建设成为国家自主创新示范区的计划；同年 6 月，国务院发布《江苏沿海地区发展规划》和《横琴总体发展规划》。上述一系列积极举措不仅进一步推动了沿海地区的对外开放，而且对抵御全球金融危机，把危机转为发展契机，产生了积极作用。

（二）区域协调发展战略深化阶段

党的十八大以来，以习近平同志为核心的党中央作出经济发展进入新常态的重大判断，形成了以2020年全面建成小康社会为目标、以新发展理念为指导、以供给侧结构性改革为主线的战略框架。围绕继续深入实施区域发展总体战略，谋划布局并推动实施了"一带一路"建设、京津冀协同发展、长江经济带发展三大战略，统筹东中西及东北四大板块战略，进一步优化经济发展空间格局。十九大之后，进一步布局实施粤港澳大湾区建设、长三角一体化发展、成渝双城经济圈、黄河流域生态保护和高质量发展国家战略，形成了四大增长极引领、推动沿线沿江沿河经济带发展的"4+3"区域战略空间新格局，进一步推动区域协调发展。

"一带一路"建设与长江经济带发展是两大典型的流域性战略布局，把广大的中西部地区与发达的东部沿海地区更加紧密地连接起来。从西部大开发、中部崛起、东北振兴三大板块战略多年的实施效果看，成效是显著的。但与东部地区之间的相对差距并没有明显缩小，而且因地理区位与交通相对不便的短板，在对外开放度及创新资源集聚方面与东部地区的差距更加明显，面临后劲不足问题。其中一个重要原因是，三大板块内部缺乏强劲有力的增长极带动，而我国最重要的京津冀、长三角、粤港澳三大增长极与三大板块之间并没有形成紧密合作、利益共享的协同机制。"一带一路"建设与长江经济带发展两大战略的提出和积极实施，突出了流域带动的作用。通过构建区域协同发展的政策与机制，把东部沿海的经济增长极优势和对外开放优势引入中西部地区，有利于造就中西部地区发展的新优势，促进东中西三大区域的协调发展。

1. "一带一路"建设

自习近平总书记2013年分别在哈萨克斯坦和印度尼西亚提出建设"丝绸之路经济带"和"21世纪海上丝绸之路"以来，"一带一路"倡议得到了沿带沿路国家的积极呼应，以政策沟通、设施联通、贸易畅通、资金融通、民心相通为合作框架的"五通"成为连接中国与世界的新桥梁、新通道。"一带一路"倡议的提出和积极推进，顺应了世界多极化、经济全球化、文化多样化、社会信息化的潮流，致力于维护全球自由贸易体系和开放型世界经济，推动沿线各国实现经济政策协调，开展更大范围、更高水平、更深层次的区域合作，共同打造开放、包容、均衡、普惠的区域经济合作架构，共同构建人类命运共同体。"一带一路"跨越亚欧非三大洲，连接东亚和欧洲两个经济中心，并着重打造六条经济走廊，分别是中蒙俄、新亚欧大陆桥、中国—中亚—西亚、中国—中南半岛、中巴、孟中印缅。2015年3月，国家发展改革委、外交部、商务部联合发布了《推动共建丝绸之路经济带和21世纪海上丝绸之路的愿景与行动》（下称《愿景与行动》），旨在推动"一带一路"建设。

"一带一路"建设在推动我国深度融入全球化、带动更多发展中国家发展的同时，也为我国区域发展带来了新机遇、新动能。特别是充分发挥国内各地区比较优势，实行更加积极主动的开放战略，加强东中西互动合作，全面扩大开放型经济覆盖区域。比如中欧班列在更多城市开通运行，为中西部地区走向双向开放、构建开放型经济体系、实现经济快速发展创造了积极的交通物流条件。根据《愿景与行动》提出的区域定位，在新疆建设重要的交通节点、商贸物流中心和文化科教中心，打造丝绸之路经济带的核心区域；四个地区的目标是构建通往中亚、南亚和西亚各国的通道，并建立重要的商贸物流枢纽、产业和人文交流基地；在沿海地区加强城市和港口的建设，提高国际航空枢纽的能力；广西的目标是在21世纪海上丝绸之路和丝绸之路经济带之间建立紧密的连接；在云南建立一个面向南亚和东南亚的辐射中心，用来扩大辐射范围；内蒙古、黑龙江、吉林、北京等地将成为向东北亚开放的关键门户；重庆将成为西部开发和开放的主要推动力量，同时郑州、武汉、长沙等城市则着力提升自己成为内陆地区的开放型经济高地。

2. 长江经济带发展

长江经济带横跨中国东中西三大区域，覆盖上海、江苏、浙江、安徽、江西、湖北、湖南、重庆、四川、云南、贵州等11个省份，面积约205万平方公里，占全国的21.4%，人口和生产总值均超过全国的40%。长江经济带贯通我国东部、中部、西部三大板块，将沿江城市穿起来，将有效发挥长江黄金水道的作用，促进东中西协同发展，支撑中国经济这艘大船行稳致远。长江经济带是我国重要的生态安全屏障，推动长江经济带生态文明建设，统筹江河湖泊丰富多样的生态要素，确保一江清水绵延后世，走出一条绿色生态发展新路，事关中华民族永续发展。长江经济带向西连接丝绸之路经济带，向东与21世纪海上丝绸之路对接，贯通东西、融合交汇，是"一带一路"建设的重要支撑和助推器。

2013年7月,习近平总书记在武汉考察时指出,"长江流域要加强合作,发挥内河航运作用,把全流域打造成黄金水道"①。2014年9月,国务院印发《关于依托黄金水道推动长江经济带发展的指导意见》《长江经济带综合立体交通走廊规划(2014—2020年)》,同年11月,中央经济工作会议把长江经济带与"一带一路"、京津冀协同发展并列为当前重点推进的三大区域战略。2016年9月国家发布《长江经济带规划纲要》,明确了长江经济带建设的四大战略定位。

长江经济带建设突出五大任务:一是生态为先、绿色发展,共抓大保护、不搞大开发,努力建成上中下游相协调、人与自然相和谐的绿色生态廊道;二是要加快促进长江水路的通行畅达,同时协调规划铁路、公路、航空和管道的建设,率先完成一条网络化、标准化、智能化的立体交通走廊,以推动长江经济带的发展;三是强化创新驱动产业转型升级,打造世界级产业集群,形成集聚度高、国际竞争力强的现代产业走廊;四是推进以人为核心的新型城镇化,形成区域联动、结构合理、集约高效、绿色低碳的新型城镇化格局;五是发挥长江三角洲地区对外开放引领作用,建设向西开放的国际大通道,构建东西双向、海陆统筹的对外开放新格局。

通过空间布局,打造一个包含"一轴、两翼、三极、多点"的形式格局。"一轴"是建立在长江黄金水道之上,以上海、武汉、重庆为中心,以沿江重要城镇为关键点,打造沿江绿色发展的主要通道。"两翼"指的是以沪瑞运输通道为南翼,以沪蓉运输通道为北翼,旨在提升交通互联互通的能力,增强省会城市和其他重要节点城市的人口和产业聚集力,进一步巩固长江经济带的发展基础。"三极"是指以长江三角洲、长江中游和成渝地区为核心,利用其辐射带动作用,推进长江经济带发展的三个主要增长中心。"多点"策略意在利用除三大城市群以外的地级城市的支持力,打造具备特色、特点的城市。

3. 京津冀协同发展

推动京津冀协同发展是党的十八大以来中国的一个重大国家战略,对于打造新型首都经济圈、推动京津冀一体化发展、促进全国区域协调发展、提升国家形象和国际竞争力具有重大意义。京津冀三地总面积21.6万平方公里,总人口1.1亿人,GDP约占全国十分之一。2013年8月,习近平总书记在北戴河主持研究

---

① 黄德春,符磊,邵雨佳.长江大保护中经济高质量增长的金融支持研究[M].南京:河南大学出版社,2021.

河北发展问题时，明确提出要推动京津冀协同发展，"建设和管理好首都，是国家治理体系和治理能力现代化的重要内容"①。"京津冀协同发展意义重大，对这个问题的认识要上升到国家战略层面"②。2014年2月，习近平总书记召开座谈会，强调实现京津冀协同发展是一个重要的国家战略。该会议首次将京津冀协同发展问题提升到国家战略层面上。2015年4月，中共中央政治局会议审议通过《京津冀协同发展规划纲要》，提出实施京津冀协同发展战略的核心目标：承担首都非核心功能，并率先在京津冀交通一体化、生态环境保护、产业升级转移等关键领域取得重大突破，以加快区域间的协调发展，最终形成新的增长极。京津冀三地的主要功能：北京是全国的政治中心、文化中心、国际交往中心、科技创新中心；天津是全国先进制造研发基地、北方国际航运核心区、金融创新运营示范区、改革开放先行区；河北省是全国现代商贸物流重要基地、产业转型升级试验区、新型城镇化与城乡统筹示范区、京津冀生态环境支撑区。

2017年4月，党中央和国务院宣布成立雄安新区，这一决定标志着又一个具有全国重要意义的新区在深圳经济特区和上海浦东新区之后得以建立。创设雄安新区是为了更进一步地推进京津冀协同发展，将解决北京非首都职能过度集中问题。这是一项极具现实和历史意义的决策。在党的十九大报告中，论述了要通过疏解北京的非首都功能，来作为促进京津冀协同发展的主要路径，且要将高起点规划、高标准建设雄安新区作为实现此目标的重要手段。2018年4月，中央政府和国务院批准了《河北雄安新区规划纲要》，该文件正式生效。

4.粤港澳大湾区建设

粤港澳大湾区是我国开放程度最高、经济活力最强的区域之一，包括香港特别行政区、澳门特别行政区和广东省广州市、深圳市、珠海市、佛山市、惠州市、东莞市、中山市、江门市、肇庆市等珠三角九市，总面积5.6万平方公里，常住总人口超过7000万人，在国家发展大局中具有重要战略地位。粤港澳大湾区与美国纽约湾区、旧金山湾区、日本东京湾区并称为世界四大湾区。

在国家"十三五"规划纲要中，首次提出"支持港澳在泛珠三角区域合作中

---

① 北京市人民政府.在习近平新时代中国特色社会主义思想指引下奋力谱写全面建设社会主义现代化国家的北京篇章——在中国共产党北京市第十三次代表大会上的报告[EB/OL].（2022-07-04）[2023-02-24].https://www.beijing.gov.cn/ywbt/yaowen/202207/t20220704_2761716.html.
② 人民日报社.新思想新征程时代答卷[M].北京：人民日报出版社，2022.

发挥重要作用，推动粤港澳大湾区和跨省区重大合作平台建设"[①]；2016年3月，国务院发布《关于深化泛珠三角区域合作的指导意见》，要求广州、深圳联合港澳，共同发展粤港澳大湾区，建设全球一流城市群。2017年7月1日，习近平总书记亲自见证了国家发展改革委和粤港澳三地政府联合签署《深化粤港澳合作推进大湾区建设框架协议》的历史性时刻，这也是国家主导推进大湾区建设的开端。党的十九大报告中强调，要把香港、澳门融入国家发展的大局中，全面促进内地与香港、澳门之间的交流合作，且制定方便香港、澳门居民在内地发展的政策。

《粤港澳大湾区发展规划纲要》获得中共中央、国务院的批准并于2019年2月正式印发，明确了战略定位，即设立充满活力的世界级城市群、打造具有全球影响力的国际科技创新中心、成为"一带一路"建设的重要支撑、内地与港澳深度合作示范区、营造宜居宜业宜游的高质量生活圈。规划提出，发挥香港—深圳、广州—佛山、澳门—珠海强强联合的引领带动作用，深化港深、澳珠合作，加快广佛同城化建设，提升整体实力和全球影响力，引领粤港澳大湾区深度参与国际合作；以香港、澳门、广州、深圳四大中心城市作为区域发展的核心引擎，继续发挥比较优势做优做强，增强对周边区域发展的辐射带动作用。

5. 长三角一体化发展

2018年11月5日，习近平总书记在首届中国国际进口博览会上宣布，以推动长江三角洲区域一体化发展的国家战略为核心，积极贯彻新发展理念，构筑现代化经济体系，进一步深化改革以及实现更高层次的对外开放。同时，与"一带一路"建设、京津冀协同发展、长江经济带发展、粤港澳大湾区建设进行协调配合，以此改善中国改革开放的空间格局。

长江三角洲（以下简称长三角）是我国最具经济活力、最为开放、最具创新能力的地区之一，在国家推进现代化和全面开放过程中扮演着至关重要的战略角色。

在2019年5月，中央政治局会议审议通过了《长江三角洲区域一体化发展规划纲要》，且于同年12月对该文件进行了正式印发和实施。规划纲要提出了五大原则：要坚持创新共建、协调共进、绿色共保、开放共赢、民生共享。还需提高基础设施相互联通的水平，加强生态环境共保联治，促进公共服务便利共享，旨在打造成为全国发展的活跃增长极、全国高质量发展样板区、最快基本实现现

---

① 陈建平. 世界湾区城市群比较研究 [M]. 哈尔滨：哈尔滨工程大学出版社，2021.

代化引领区、区域一体化发展示范区、新时代改革开放的新高地。

深化三省一市的联动发展，强化分工合作，发挥各地比较优势，提升区域发展整体水平和效率。上海发挥"五个中心"和国际大都市优势，面向全球、面向未来，提升城市能级和核心竞争力，引领长三角一体化发展。江苏发挥制造业发达、科教资源丰富、开放程度高等优势，推进沿沪宁产业创新带发展，加快苏南自主创新示范区、南京江北新区建设，打造具有全球影响力的科技产业创新中心和具有国际竞争力的先进制造业基地。

二、新阶段区域协调发展新格局

从 1999 年到 2020 年，区域协调战略经过两个阶段的实施，其体系不断创新完善。紧紧围绕"两个大局的战略构想"和 2020 年全面建成小康社会的宏伟目标，积极构建和实施区域协调总体战略和主体功能区战略。特别是自党的十八大以来，贯彻落实新发展理念，进一步深化区域协调发展战略，形成了两大流域战略、四大板块战略和三大增长极战略构成的相互融合的区域战略体系。为全面建成小康社会、保持经济平稳健康增长和创新活力、提高我国经济国际竞争力和影响力，谋好了篇、布好了局。

全面扎实推进区域协调发展取得显著成效。区域发展协调性增强，全国经济持续保持中高速增长，在世界主要国家中名列前茅，2010 年我国成为全球第二大经济体，此后稳居世界第二，对世界经济增长贡献率超过 30%；开放型经济新体制逐步健全，对外贸易、对外投资、外汇储备稳居世界前列。从各个区域看，经济发展的相对差距有所缩小。

党的十九大标志着中国特色社会主义进入新时代。党的十九大提出了全面建设小康社会的目标，并在 2020 年成功实现第一个百年目标。接下来，继续努力实现第二个百年目标，争取在 2035 年基本实现社会主义现代化。到本世纪中叶，把我国建成富强、民主、文明、和谐、美丽的社会主义现代化强国。根据十九大报告的战略布局，贯彻新发展理念、建设现代化经济体系是十分重要的。为了解决区域发展不平衡和不充分的问题，报告指出实施区域协调发展战略是六大国家重要的战略之一，以构建推进区域协调发展的新局面。

在 2020 年全面建成小康社会后，我国进入新的发展阶段。党的十九届五中全会提出，必须快速建立新的发展模式，即以国内大循环为主体，同时还要积极推进国内和国际双循环以及相互促进的发展格局。

在新发展阶段，我国仍然处于重要战略机遇期，但面临的国内外环境正在发生深刻复杂的变化。从国际看，世界百年未有之大变局进入加速演变期，经济全球化趋势不变，全球治理体系正在呈现大的变革，我国持续快速发展加速"东升西降"趋势，但"西强东弱"在相当长时期内仍是基本格局，中美战略博弈仍将持续甚至很有可能升级。从国内看，我国继续发展具有多方面优势与条件，也面临不少困难和挑战。四大区域之间、城乡之间的发展不平衡、不充分问题仍然明显存在；人民对美好生活的向往从"有没有"转向"好不好"，如何促进全体人民共同富裕取得更为明显的实质性进展，面临认识和解决方式上的挑战；经济长期向好，但面临周期性因素和结构性因素叠加、短期和长期问题交织、外部冲击和新冠肺炎疫情冲击等多重影响。

从区域发展看，我国经济发展的空间结构正在发生深刻变化，面临一些新的挑战。产业、人口、资源加快向特大城市及城市群集聚，特别是京津冀、长三角、珠三角三大城市群的发展优势不断增强，而东北地区、西北地区和一些传统资源型城市，要素流失态势难以扭转，与沿江沿海地区的差距进一步扩大。中西部广大乡村地区特别是一些老少边穷地区，虽然经过三年脱贫攻坚努力已全面消除贫困人口，但与发达地区的差距仍然很大，有些地区乡村人口大量外流，出现了不少老化村、空心村，农业发展后劲不足。

我国经济由高速增长阶段转向高质量发展阶段，对区域协调发展提出了新的要求。2019年8月26日召开的中央财经委员会第五次会议，专题研究推动形成优势互补高质量发展的区域经济布局问题，习近平总书记在会上作了重要讲话，提出了新形势下促进区域协调发展的总思路。

新的发展阶段要求实现区域协调发展，就是要充分认识到我国面临的主要矛盾已经转化为人民日益增长的美好生活需要和不平衡不充分的发展之间的矛盾。秉持习近平新时代中国特色社会主义思想，加强区域内生发展动力，为构建区域协调发展新格局打下基础。这一新格局需具备流动的要素、有效的主体功能、基本公共服务平等，资源环境能够承担区域协调发展的新格局。

国家"十四五"规划纲要提出，坚持实施区域重大战略、区域协调发展战略、主体功能区战略，健全区域协调发展体制机制，完善新型城镇化战略，构建高质量发展的国土空间布局和支撑体系。这一战略构架，有五个最基本的战略子模块。

（1）构建国土空间开发保护新格局

根据资源环境的承载能力，发挥各地比较优势，逐步创造城市化地区、农产品主产区、生态功能区三种空间格局。这种新的国土空间开发保护格局使各个区域具有主体功能、互补优势以及高质量发展机遇。

（2）完善多层次区域协调发展战略体系

制订并执行黄河流域生态保护和高质量发展战略，以及促进成都和重庆城市群经济发展的双城战略，形成了由"3+4+4"组成的国家区域协调重大战略体系。加强对革命老区、民族地区、边疆地区、贫困地区的支持力度，推动这些地区加速发展。建立以城市群为核心，实现大、中、小城市和小城镇的协调发展城镇格局。同时，支持资源型地区经济实现转型升级，坚持实行陆海统筹的发展战略，发展海洋经济等，形成多级别的区域协调发展战略体系。

（3）构建高质量发展动力系统

利用各地区的优势，实现合理分工和优化发展，促进各种要素合理流动和高效集聚。以此增强创新发展力量，加快高质量发展动力系统的构建，提高经济和人口承载能力，形成几个新动力源，特别是京津冀、长三角、珠三角和其他重要城市群，这些区域都是能引领全国高质量发展的关键地区。

（4）推进以人为核心的新型城镇化

设定合理的城市规模、人口密度和空间布局，以推动大中小城市与小城镇的协调发展。改善行政区域划分，利用主要城市及城市集群的引领作用，打造现代化都市群。加强户籍制度改革，进一步完善财政转移支付机制以及城市新增建设用地规模与农业转移人口市民化相衔接的政策，改善基本公共服务，加快农业转移人口向城市市民化的进程。

（5）构建区域协调发展新机制

建立区域综合规划、促进市场整合、加强区域合作、实现不同地区的利益互补，以促进全国不同地区、不同发展水平的互利合作和共同发展。采取分类管理以及不同区域的差异化政策。改进转移支付制度，加大对经济欠发达地区的财务支持，以逐渐达到基本公共服务的平等化。

第五章 区域经济发展转型的改革与实践探索

本章为区域经济发展转型的改革与实践探索，分为区域经济发展转型的改革与区域经济发展转型的实践探索两节，具体阐述了我国区域经济发展转型的改革方向和部分区域的发展模式及路径等内容。

第一节 区域经济发展转型的改革

一、区域经济发展改革之供给侧改革

经过改革开放四十多年的发展，我国国民经济发展成果显著，极大地提高了人民生活水平，创造了举世瞩目的经济奇迹。但是当前我国经济发展也出现一系列新的问题，需求侧的"三驾马车"，即投资、消费、出口对经济发展的拉动疲软，不能适应我国当前的经济发展形势。基于此形势下，我国提出了供给侧改革，即以应对当前经济状况，推动我国经济持续健康发展。

（一）供给侧改革和区域经济发展基本概念

1.供给侧改革

供给侧改革，一般是指供给侧结构性改革，是我国在2015年经济步入"新常态"后提出的改革措施。供给侧改革就是以劳动、土地、资本、科技创新力等要素资料作为驱动力，用改革的方式来实现最优要素配置，减少过剩产能供给，扩大和提高有效供给和高端供给，成为带动经济增长的主要助力。同时调整我国现有的经济结构，以更好地适应我国国民经济发展的要求，满足人民生活需要。供给侧改革，同时也是一种改革方式，也就是需要规范政府在经济发展中的作用，避免"有形的手"过分干预经济，发挥市场在资源配置中的决定性作用。

2. 区域经济发展

区域经济发展，一方面反映了一个区域实际的经济发展现状，另一方面也反映了内部因素和外部条件之间的相互作用。区域经济发展不是孤立的。促进一个区域经济的活跃发展不仅需要区域内部各要素共同作用，更需要加强与区域外部的沟通联系，通过协调内外部各方面因素才能实现区域经济健康快速发展。

我国当前经济形势下，区域经济发展多样、规模不一。从国家层面来讲，有四个主要区域经济的发展值得更多关注，即东部地区、中部地区、东北老工业基地以及西部地区。另一方面，环渤海经济圈、长三角经济圈、珠三角经济圈经济实力雄厚，自身特点鲜明，而中西部的"中原经济区""大西南经济圈""丝绸之路"的经济带发展也不容小觑。

（二）供给侧改革背景下区域经济发展新策略

1. 发展区域特色产业

对发展差异较大的区域来说，供给侧改革的思想要求充分考虑区域特色，重点发展区域特色产业，并以此为龙头产业，带动整体区域发展。东部地区人才、技术、资金充足，更应该在改革中率先发展创新型产业，并加快信息、技术等要素向中西部辐射的步伐，积极践行"共同富裕"理念。中部地区劳动力、自然资源等比较丰富，工业基础较好，应着重经济结构的优化升级，发展绿色经济。西部地区应抓住"一带一路"战略机遇期，做好向西打开门户、逐步发展外向型经济的准备。

2. 支持中西部科教文化事业

供给侧改革要求创新、经济转型、结构优化等，最根本之处在于人才的培养、教育的发展以及文化熏陶。长期以来，我国的优秀教育资源集中于东部发达地区，中西部教育资源不平衡，很大程度上制约了中西部创新发展。科教政策支持力度加大，教育资源向中西部倾斜是当前经济发展的必然要求。

3. 区域经济绿色发展

供给侧改革就是要调整产业结构，发展低耗能、少污染、高效率的绿色产业，区域经济发展以绿色发展为基调，有利于区域间协调发展，也有利于我国经济发展全局。

二、区域协调发展的机制改革

从本质上来看,区域协调发展是指在一个区域内,以该区域的经济发展状况、资源环境和各种要素限制为基础,始终追求效率、公平和可持续发展三者之间的最佳平衡状态。

为了实现区域协调发展,必须充分发挥市场和政府的作用,这样才能在促进效率、公平和可持续发展等方面取得最佳效果。政府发挥着至关重要的作用,因为只有在政府的正确引导下,市场机制才能得到有效的发挥。因此,在构建区域协调发展机制的过程中,关键在于准确界定政府的角色和职能。在这个基础上,可以进一步建立区域协调发展的机制。

(一)区域协调发展保障机制

第一,建立健全区域协调发展的法律保障机制。自改革开放以来,我国各级地方政府的自主发展经济动力不断提升。然而在区域协调发展问题上,缺乏足够的动力,当涉及切实利益时,相关的政策或措施容易发生矛盾。在实施时都想把自己放在中心位置来发展,从而难以构建真正意义上的区域协调政策。造成这种情况的根本原因,是我国没有健全的法律规范和制度基础去推动区域协调发展,缺乏可依赖的区域协调政策。因此,需要制订完善的法律保障机制来促进区域协调发展。

具体措施如下:(1)制订区域协调发展基本法。将各级政府在区域协调发展中的职责、权利和义务以法律的方式予以明确,从而为政府的综合规划和政策制订提供法律依据。基本法的核心宗旨是促进各地区和部门之间的利益协调,明确各级政府在地方发展中的具体职责,从而推动政府职能转型。(2)制订特定区域开发法,如资源枯竭地区转型法等。(3)将有关区域协调发展所采用的财政政策、金融政策等措施纳入法律范畴。通过严格规定中央和地方之间协调利益的方式和方法,可以有效避免制订政策时的主观性问题,从而使地区政策变得更加权威、稳定。(4)区域开发资金法规定了用于区域发展的资金管理和使用方式。这主要表现在财政和金融方面的法律上,如《转移支付法》等。(5)推动区域公平竞争法的实施,如《地方就业法》等。

第二,建立健全市场机制能够有效发挥作用的保障机制。要确保机制作用的有效发挥，需要实施以下几项措施：(1)推进地方开放区域市场，促进建立全国统一市场。一是要加强地方政府对开放区域市场的责任，以制度化的手段遏制地方政府因利益驱动而进行区域市场分割的行为。二是通过改革市场监管体系，建立统一的市场监管机制。规范地方优惠政策，消除不公平竞争现象，坚决打击违法行为，反对地方保护主义。三是建立健全的市场化退出机制，坚持并完善相关的企业破产制度。四是推行统一的市场准入制度，消除地区间的差异。(2)建立健全要素市场体系。一是建立市场定价机制，让市场自行决定竞争性环节的价格，政府则不进行任何干预。二是持续推进改革，彻底处理区域间要素市场分割的问题。三是对区域性要素市场的布局进行合理规划，并推动全国范围内要素市场的统一。同时，加强信息基建，推动无形市场的发展。(3)加强企业自由迁移制度的建设。一是让企业成为市场主体，享有自由选择发展区位的权利。二是加强产权市场建设，为企业开展跨区域并购提供便捷的条件。三是为了支持企业在不同地区的发展，需要减少政府在市场交易方面的干预，以此降低企业的运营成本。四是通过完善市场体系来保证企业实现区域分工。五是通过改革相关政策，充分发挥政策的自我调节功能，如对消费税制度进行改革，将目前生产阶段征税方式改为最终消费阶段征税方式，并将其改成地方税，这可能会带来一定的效益。因为这是一项地方性税收，所以当地税收的多少与人口规模息息相关，这就使得经济和人口在空间上相匹配。

第三，将促进区域均衡发展作为地方政府工作绩效评估的重要指标。改革地方政府政绩考核标准，将重点放在建设服务型政府、推进完善市场经济体制和市场要素自由流动、促进可持续发展、优化产业结构和促进企业协作等方面，从而推动地方经济和环境的全面发展。

(二)区域协调发展合作机制

第一，建立具备多层次的政府合作和协调机制。一是在中央政府设立专门职能部门，全面负责区域政策的规划、实施。二是开展制度创新，成立跨行政区协调管理机构，以经济区为依托，旨在改善当前我国地方政府之间的非制度化合作，确立强有力的组织保证和长期合作机制。三是要消除民间组织发展所面临的制度方面的障碍，鼓励成立在区域协调发展方面具有影响力的民间组织，利用民间团体的力量促进跨区域政府和企业之间的合作，推动区域经济的整合。

第二，制订分类指导的区域合作发展模式。中国各地地理位置和经济状况不同，因此在进行区域合作时，应根据情况选择不同的模式。在一些地区，城市已开始形成集群式发展，因此应该采取"城市群"协同发展模式；有的地区处于边境地带，就要积极探索和谋求跨境合作发展模式，以快速融入合作；若某些区域位于重要交通干线旁，可采取"点—轴"合作发展方式；我国拥有众多大江大河，且其上、中、下游区域基本呈现出经济落后、发展不足及发达的特点。在这种情况下，可以选择流域治理合作发展模式，以实现政府间协调发展，并促进流域内部的发展。

第三，建立以处理市场失灵为主的区域合作机制。一是需要摒弃本位主义思想，建立覆盖多个地区的环境治理机构，特别是在流域治理方面，应该进行全流域的统筹规划和协调，通过相互信任、相互帮助、互利合作来实现区域整体环境的利益，从而实现可持续发展。二是增强跨区域基础设施建设。国家应该增加对落后地区重大基础设施建设项目的投入和支持；所有地区都应该在现有的道路网络上努力消除交通瓶颈，进一步增强基础设施的互连互通和资源整合，促进水路、陆路、空运等各种运输方式之间的合理分工和协作，从而建立一个广泛联通、高效经济的跨区域交通运输网络系统。

（三）区域协调发展援助机制

第一，完善对口支援制度。在对口支援西藏和新疆的制度基础之上，进一步推动对其他"老少边穷灾"地区的制度化帮助，以加速改善它们落后的状态。加强对对口支援的管理，将关注重点从投资上转移到对援助效果的考评上，确保援助效果的评估不再被忽略。逐渐减弱对口支援的政治任务性质，将其转变为规范的地区间横向转移支付制度。

第二，通过规范中央转移支付的架构和操作程序，推进基本公共服务的均等化。增加一般性转移支付的比例，使用因素法作为无条件转移支付的分配方式，以达到实现基本公共服务均等化的目的。

第三，针对欠发达地区或资源枯竭型城市等问题区域，应采取一系列政策措施，通过为该区域创造良好的投资与经营空间，从而为问题区域的发展提供间接支持。

第四，成立多层次的生态补偿制度。根据全国主体功能区的规划，对于限制开发区和禁止开发区，根据其生态保护的功能定位，采取一定的计算方式，由中央政府通过财政补贴的方式给予补偿。这样可以激励这些区域为实现区域协调发展作出贡献。根据受益原则，可以向开发强度较高的区域提供补贴；还可以设立区域生态补偿基金，以推动区域内各类主体功能区的可持续发展。

（四）区域协调发展约束机制

第一，针对过度膨胀区域的约束机制。为确立城市的发展方向和控制区域建设，应当进行整体规划，确定特大城市的不同功能区，并进行适当的分区管理。借助卫星城的建设和其他措施，缓解中心城区人口过多的问题，避免特大城市的过度拥挤。加强大城市与周边城市之间的互动合作，以形成城市群的模式，实现城市群内资源的共享与优化。设定适当的限制条件以及大力发展周边地区的基础设施，以此来减轻超大城市过度膨胀的压力。

第二，进一步加强主体功能区规划的限制性和约束性。在我国，主体功能区规划是一项非常严格的区域政策，它的主要目的是确保国家可持续发展的实现。眼下，省级主体功能区规划的进展仍存在一些困难：一是推进速度缓慢。二是国家主体功能区规划在地方实施过程中遭遇了问题。制订主体功能区规划旨在调控开放程度，但地方政府也有自身的发展动力，因此在具体实施中难免会出现一定的博弈和矛盾。三是缺乏具体的措施来实现主体功能区与其他区域的无缝衔接和协调。因此，需要进一步完善主体功能规划的细节。在遵循国家主体功能区规划的前提下，应制订出对省区主体功能区的规划，并关注省区行政划分与国家规划的协调关系。制订国家其他发展规划时，必须考虑主体功能规划的限制条件并作出调整，以保证各规划之间的协调和衔接，且相应的协调法应尽快出台。

三、自由贸易区建设与演变开放

在我国改革开放的过程中，中国先后提出了"市场多元化""以质取胜""大经贸"和"科技兴贸"等战略。目前中国自由贸易区战略具有伙伴国由周边国家向拉美、非、欧辐射，合作的领域不断拓展与深化，合作国家类型、推进模式多样化的特点。在未来的一段时期内，中国与经济规模较大的发达国家的谈判将取得突破，自由贸易区的合作领域将进一步深化。

（一）中国自由贸易区战略趋势分析

中国自由贸易区战略的实施已经取得了重要进展，但与欧盟和美国所实施自由贸易区战略的程度和范围相比，中国的战略实施仍需不断推进，且是一个长期的计划。

中国将借助"守住周边、扩展到全球"的总体布局，并遵循"全面规划、突出重点、先易后难、循序渐进"的指导原则，以及自由贸易区战略的总体构想来巩固周边，拓展至拉美、欧洲和非洲，并在自由贸易区建设中取得"轴心国"地位。

从欧洲、美洲、亚洲参与区域经济一体化的广度和深度来看，一体化已经不仅仅局限于降低关税和配额等传统的货物贸易壁垒，而是扩大到了服务贸易、投资等方面。某些自由贸易区协定还包括了与伙伴国竞争的政策，政府采购、环境保护以及知识产权等政策的协调，实现了深度的一体化。中国在未来自由贸易战略中将积极推进深度开放，深度开放已成为中国自由贸易协议中的关键内容。这有内外两个原因，一是随着改革开放不断深入和市场经济体制的日益完善，中国需与伙伴国展开深层次合作，包括竞争政策、知识产权和环境保护等方面，这既符合中国当前经济发展的需要，也与国际趋势相契合。另一方面，中国和已经签署自由贸易区协议的合作伙伴国将继续进行深入的交流。不久的将来，中国将与一些经济规模较大的发达国家签署自由贸易协定。这些国家的市场机制完善，可能会要求中国开放金融、电信等行业，并在协议中协调政府采购和知识产权等政策。

目前，中国能源供应安全已成为一项紧迫的任务。一方面，加快与资源丰富国家的谈判以及自由贸易区的建设，实施我国的能源战略。另一方面，尽管中国拥有较多的人口，但相对的资源供给却远远不足，单人可支配的资源数量仅占全球平均水平的一半。在我国自由贸易战略的制订过程中，应充分考虑能源获得可持续性的因素，确保建立多元、稳定、安全、高效的全球供应体系，以降低我国能源进口的风险。我国在能源进口方面的主要挑战是现货贸易的占比过高。

在境外获取资源时，可以考虑采用4∶4∶2比例分配，即有40%的资源需要通过对境外的投资开发来获取，另外40%可以通过长期供货协议来获得，还有20%可以通过现货贸易的形式来获得。一方面，为了确保石油供应的稳定和安全，中国在建设自由贸易区的过程中，与能源资源丰富的国家签署自由贸易协议。其中，通过引入能源投资和开发条款，降低中国企业进入这些国家从事能源开发的准入门槛，同时增加投资和开发比例。与此同时，中国还应与这些国家的能源开发企业签订长期的供货协议，从根源上保证了石油资源的持续供应。这些国家包括俄罗斯、委内瑞拉、海湾合作委员会以及其他一些中东国家。另一方面，要与控制重要能源运输通道的国家达成合作，以确保能源的安全运输。如东盟地处太平洋西南的黄金水道，交通便利，通过马六甲海峡与欧洲、澳洲相连，我国进口石油等能源的大部分物流需经此运输。因此，与东盟，尤其是新加坡和马来西亚签订深度合作的协议是非常有必要的。

迄今为止，我国自由贸易区的发展策略经历了三种发展模式，分别是"一国两制"下自由贸易区战略推进模式、中国与发展中国家的战略推进模式、中国与经济规模较小的发达国家的战略推进模式。在继续实施自由贸易战略时，需要在降低对经济造成不确定性风险的同时，进一步扩充和完善战略模式。我国尚未与规模较大的发达国家达成自由贸易区协议。这些国家经济规模庞大，拥有许多国内产业优势，尽管与中国的经济互补性强，但仍存在某些保护壁垒相对高的领域（如日本的农业）。与这些国家进行谈判通常需要在许多领域进行深层次开放，其中甚至包括中国的弱势领域。签署贸易协议可能会对中国经济造成巨大冲击。然而，随着中国自由贸易区战略的进一步实施，我们与规模较大的发达国家签订自由贸易协议已成为必然趋势。

（二）中国自由贸易区发展展望

中国是一个经济处于快速发展阶段的大国，在一些领域具有相对竞争优势。考虑到中国未来经济和产业的实力，着重与处于发展中国家以及经济规模相对较小的发达国进行谈判。这种选择有多个原因，一是与发展中国家进行谈判可以更容易分享共同的经济发展问题，因为它们与中国有着相似的发展阶段。尽管在短期内我国与这些国家之间可能存在一些竞争，但从长远来看，动态效益对双方都有利。此外，在谈判过程中，各方容易就各自的弱势领域达成协议，签订一份共赢的自由贸易协议。二是较小规模的发达国家通常对中国的市场有很大的需求，而中国也需要通过这些国家进入由发达国家组成的联盟。同时，这些国家与中国有相似的谈判能力，因此在谈判中很可能会取得成功。中国和新西兰建立自由贸易区就是一个成功的典范。

由于某些发达国家经济规模较大,与其进行自由贸易区谈判存在一定挑战,且两国经济发展阶段的差异很大,签订自由贸易协定后对双方的影响难以确定,而且在谈判过程中,可能会牵涉我国的一些弱势领域,如电信产业、汽车产业和金融服务业等。

中国正在制订自由贸易区战略,其中包括与一些国家进行谈判或研究的进展情况。这些国家可以被分为三个层次:第一层次的国家是那些有可能在近期与中国签订自由贸易协定的国家;第二层次为中国自由贸易区战略的中期目标伙伴国;第三层次为中国实施自由贸易区战略的长期目标国。

随着自由贸易协定数量的增长,越来越多的伙伴国开始将目光从周边国家扩展到全球,协定内容也不断深化,自由贸易区战略也变得越来越多样化。即使在未来,周边国家仍将是自由贸易区建设的重点,但也会适时地向拉美、欧洲、非洲等地区拓展。需要注意与中国能源战略协调发展,中国将在短期内与经济规模较大的发达国家签署自由贸易区协议,这将进一步加强自由贸易区合作领域的广度和深度。

在推进自由贸易区建设过程中,中国应该采取积极的改革措施,一是应进一步完善市场经济体制,并且认真评估产业竞争力。二是应根据总体布局以及指导原则,适度加速中国自由贸易区战略实施的进程。一方面,随着自由贸易协议签署数量的增加、不同自由贸易区之间条款的协调,以及原产地的鉴定,使得自由贸易区的建设时间延长,从而增加了海关工作的成本。因此,缩短自由贸易区的建设时间是一种减少成本的有效方法;另一方面,自由贸易区已被视为我国进一步开放的重要手段。积极参与自由贸易区建设并推进其进程,将有助于中国更好地融入全球竞争。三是需要密切关注欧、美、日等大国在自由贸易区方面的最新进展,以便及时调整中国自由贸易区建设的重心和进程,因而获得自由贸易区建设的掌控权。四是要推动中国企业了解中国自由贸易区建设的最新进展,以便为企业抓住国际商机和实现"走出去"提前做好准备。五是实施自由贸易区战略需要具备高素质、精通外语、国际法和经济的人才。然而我国在这方面的人才储备有所不足,因此存在人才短缺的问题。当前,有效地开展人才培养工作也是至关重要的一项任务。

四、区域经济一体化

（一）区域经济一体化的内涵

经济一体化的含义最初由荷兰经济学家丁伯根在1954年提出，它指的是通过协调和统一，消除阻碍经济最佳运转的人为因素，创造最合适的国际经济结构。当前，学术界尚未达成共识，对于区域经济一体化的涵义存在不同的看法。经济一体化的内涵被不同的学者所关注并进行不同的定义。其中，最典型的定义来自美国经济学家巴拉萨，他在1961年提出了这样一种观点：经济一体化不仅是一个渐进的过程，还是一种持续的状态。从过程的角度来看，包括采取各种措施消除不同国家经济单位之间的差异待遇。就状况而言，不再有各种不同的待遇差别。根据巴拉萨的解释，经济一体化的关键特征包括两方面：经济一体化的最终目标是在成员国之间建立统一的经济空间，达到完全经济联合的状态；经济一体化需要经过多个阶段，这个过程是不断演进和发展的，需要采取逐步实施的方式。

尽管对于区域经济一体化的理解存在一些差异，但总的来说，其实质内涵是一致的，即区域经济一体化指的是通过签订条约或协议，消除障碍，从而推动各国或地区的经济与贸易发展。这种一体化的方式包括政策和制度上的协作，协作的程度可能有所不同。

（二）区域经济一体化的发展要素

维护民族经济利益、政治利益，加快经济发展，是区域经济一体化的内在动因。第二次世界大战以后，世界政治经济呈现出多元化特征。发达国家要维持或谋求其在世界经济和政治舞台上的主导地位，而发展中国家在经济发展中面临重重困难，要谋求经济上的发展和政治上的独立。但是任何国家仅靠自身的力量是无法实现其战略目标的，于是，为了共同的经济和政治利益，一些地理位置相近的国家就会结成一体化组织，来维护它们的经济及政治利益。

科学技术的进步以及社会生产力的发展是区域经济一体化的客观基础。第二次世界大战以后，以原子能、电子计算机和空间技术的发展和应用为标志的第三次产业革命的出现，极大促进了社会生产力的发展。在战后新技术条件下，各国之间的分工和依赖日益加深，生产社会化、国际化程度不断提高；同时，贸易和金融领域相互渗透、相互依存，经济发展日益国际化，这就必然要求消除阻碍经济国际化发展的市场和体制的障碍。因此，社会生产力的发展不仅为发达国家，也为发展中国家的经济一体化奠定了客观的物质基础。

第二次世界大战后，美国确立了霸主地位，欧洲许多国家出现了"美元荒"和国际收支赤字问题。为此经济学家提出建立关税同盟，使用共同的关税抗衡美国，进而解决各国国际收支逆差的问题，这是欧洲共同体成立的原因之一。发展中国家面对发达国家工业品的强大的竞争力和自身初级产品出口困难等问题，也经常陷入国际收支逆差，这也迫使发展中国家通过一体化来解决这些问题。

世界贸易组织多边贸易制度的缺陷，以及近年来多边贸易谈判所面临的失败状况，促进了区域经济一体化的兴起。尽管世界贸易组织是促进贸易自由化和经济全球化的主要推动力量，但它自身规模庞大、运作程序复杂，而且根据世贸组织的接受方式，议题的谈判只有在所有成员达成一致同意的情况下才能开展。因此，在短期内达成共识、消除矛盾并非易事。由于多边贸易谈判前景难以预测，因此双边和区域性贸易协议有了更多的发展空间和机遇，这也为成员提供了参与全球竞争的备选方案。此外，区域经济一体化组织因其成员大多毗邻而居，社会政治制度相似，生产力发展水平相当，并且具有相似的文化历史背景，因而在开展经济合作方面有诸多优势。

第二节 区域经济发展转型的实践探索

一、云南旅游产业的发展

（一）云南旅游综合体开发意义

伴随我国社会经济的进一步发展和居民收入的提高，人们的休闲时间也越来越多。旅游业也进入了人们的视野，从原来单一的观光旅游转变为更全面的休闲度假旅游。为了适应国内旅游市场的发展趋势，云南省积极采取大项目带动战略，计划并建设了多个旅游多功能综合体，以提高旅游产业的发展水平，对城市品牌形象的提升有积极作用，同时也能促进就业，带动全省旅游产业的快速发展。在细节方面，它增进了不同领域产业之间的合作，推动了旅游景点的创新改进，以及增加了对旅游投资的多元选择。云南旅游综合体的开发对区域经济有着重要的推动作用，具体在以下几个方面。

1. 促进区域内产业融合

云南旅游综合体的开发有利于促进区域内产业链的优化和协调，还带来了区域内各种多元化产业的发展，如餐饮、娱乐、购物、会议等，形成了一个全面的产业生态系统。同时，这种建设形成了更多的产业链，使得整个区域的产业链更加完善。它以旅游基础要素为核心，通过整合旅游资源、提升旅游产品、配备旅游服务，进一步完善和扩展旅游产业链，形成了纵向和横向的旅游产业链体系。因此，在旅游综合体中，通常会涉及多个不同的行业，这些行业都位于旅游综合体产业链的不同环节。这些行业向游客提供不同的产品和服务，同时也促进了区域内旅游产业的升级和转型，并拉动了其他相关产业在产业链上的发展。

通过开发旅游综合体，可以最终达成区域内产业的融合。以旅游业为中心，采用融合的方式将周边的特色产业与旅游业紧密结合，打破各自为政的格局，创造出与众不同的业态。例如，与周边农业产业的合作，促成了旅游观光和休闲农业的相互融合；旅游运动基地是旅游产业与运动产业相结合的地方；结合房地产，衍生出了休闲旅游地产社区等。这些新型业态的涌现最终扩大了云南旅游产品市场，成为云南旅游市场的新兴动力和方向，因此促进了区域经济快速转型和发展。

2. 推动区域内综合发展

旅游综合体的一个显著特点是其综合性。它一方面体现在产品的多元和产品的多样性方面，另一方面还可以从项目的综合开发中得以体现。与传统的旅游景点不同，旅游综合体的建设需要考虑到土地、相关产业、社区配套等各个方面，而不只是单一项目和其配套设施。

（1）土地的综合开发

旅游综合体的核心任务就是以旅游休闲为主导，对土地进行综合开发。该项目的目标是利用区域内的土地资源，打造旅游综合体的核心吸引区和休闲聚集区。这将吸引大量游客前来，从而大幅提升土地价值和品牌价值。同时，项目还可以与房地产业融合，进一步延伸产业链，实现土地的自然增值、附加产品价值和服务增值等多种效应。

（2）产业的综合发展

旅游综合体开发的目的是将单一的旅游项目提升为综合旅游集聚区，以促进产业的多元化和综合化发展，旅游业是其核心产业。旅游相关的产业领域，不仅包括文化、教育、会议会展、体育等，还包括旅游支柱产业如交通运输、房地产、食品加工等，并且还涉及其他产业领域的结合，创造出新型的旅游业态，这是泛旅游产业综合发展的本质。应在区域内建设多种不同的旅游综合体，每种综合体注重不同的产业配置和拓展，这样合理的比例布局可以促进整个区域的综合经营和经济的长期发展。

（3）配套的综合建设

除了旅游项目和配套设施的建设之外，旅游综合体还需要建设市政设施、社区管理机构、服务管理机构等综合配套设施，以形成完善的区域综合管理体系。因此，可以说发展旅游综合体能够实现区域土地的升值、产业结构的扩张和优化，以及相关配套设施的完善，从而在综合层面上带动区域的发展。

3. 推进新型城镇化建设

新型城镇化建设可以借助旅游业的强大带动作用，通过促进当地工业和农业的发展，从而实现整个区域经济的健康发展。当今旅游综合体驱动的新型城镇化发展，已成为旅游产业投资开发的主要方式。这个项目以旅游为主导，通过整合土地资源，推动泛旅游产业集聚和相应设施发展，从而创造消费、人口、就业和服务的聚集效应，推动地区城镇化的进程。其促进新型城镇化的独特之处在于以下几个方面。

（1）成为提升城镇质量的核心

作为城镇中的一个建设项目，旅游综合体的成功开发在一定程度上成为提升城镇质量的中心。如位于昆明市的七彩云南花之城是一个以商业购物为主要功能的旅游综合体，它是一个集吃、住、行、游、购、娱为一体的花园式旅游商业综合体。城市建设不仅能够集聚产业、美化环境、加强文化品牌，还能提供完善的服务功能，以及提高城市的品质和档次，同时还能在区域内发挥核心作用，推动城镇的发展。

（2）形成非建制的就地城镇化

在旅游综合体的开发中，许多项目将独立在城市区域之外，构成一个相对独立的非城镇建成区。它利用旅游业的"搬运效应",将乡村所拥有的优质环境、独特文化和丰富资源与城市强大的旅游休闲消费力相结合,实现了社会财富的再分配,促进了该地区的人口聚集、增加了就业机会,提高了居民生活水平,推动了当地就地城镇化发展的形成。

(3)具有产城一体化特征

旅游综合体呈现出产城融合的特征,主要表现在推动城镇化进程、引领非农业人口聚集、泛旅游产业的聚集、提供公共服务和市政设施以及与政府管理相协调等方面。

(二)云南旅游综合体开发的内容

所有成功的旅游综合体都包含六个核心部分:"核心吸引物""休闲聚集区""旅居度假区""综合配套区""产业支撑区""运营管理中心"。云南旅游综合体发展也遵循这一规律。旅游综合体开发的成功与否,关键在于核心吸引物及休闲聚集区的设计,这两部分的成功建设,将会吸引大量人流,从而使整块土地的价值提升。然而,若想在土地开发上得到巨大收益,开发者需要积极推动产业延伸发展中心的创立。它涵盖了旅游住宿区、配套设施区和产业支持区,构建了一个泛旅游产业的框架并在持续发展旅游综合体上起着关键的作用。

1. 核心吸引物

核心吸引物是建立旅游综合体的基础。旅游综合体首先需解决的问题是怎样吸引游客,因为如果无法吸引游客,该项目就没有可持续发展的意义了。而吸引游客的关键就是核心吸引物。

一般而言,旅游综合体的核心吸引力可以由单一或多种元素组成。这些元素通常可以分为两种:一种是以历史文化资源、生态资源等已经存在的资源为核心吸引物;另一种是由人工创造出来的吸引点,如独特的酒店设施、高尔夫球场等。为打造核心吸引中心,需要根据旅游综合体的发展框架,综合考虑特色资源、市场需求和资金等因素,来确定打造的具体内容和方向。云南省具备开发核心吸引物的条件,其旅游资源和旅游业奠定了基础。

2. 休闲聚集区

休闲聚集区作为旅游综合体的关键部分,在其发展中扮演着重要的角色。通过整合多个休闲旅游项目,提供全面的服务,满足游客需求,从而延长游客的停留时间以及增加其消费,达到旅游综合体的经营目的。休闲聚集区是为了满足游客多方面休闲需求而建立的,包括购物、保健和运动等方面。它还规划了一系列休闲产品,包括特色商业街、温泉 SPA 等,旨在满足游客休闲需求的同时增加旅游综合体的经营收入。它与核心主体相互促进,有时在一些项目中没有明确区分。一旦人们受核心吸引物的吸引进入场所,就会开始消费。但是,为了留住他们并增加他们的消费,需要创造更多的休闲产品,满足他们休闲消费的需求,进而创造休闲聚集区。

3. 旅居度假区

旅游综合体中的旅居度假区,是实现区域内城镇化的基石之一,实际上,旅居度假区的开发是构建旅游居住区的基础。旅游综合体在实现土地增值效益方面,主要依靠旅居度假区的开发建设。这里的旅游地产产品,包括了高端居住小镇、别墅和养生社区等。这些产品可以分为两种类型:一是面向原有城镇居民的居住地产,二是面向外来游客的居住地产。这种类型的房地产通常位于旅游综合体之中,且既可用作主要住所,又可用作度假居所。

4. 综合配套区

综合配套区是旅游综合体的必要组成部分,它不仅包括旅游休闲设施,如高尔夫球场和度假酒店群等高端设施,还提供满足旅客和居民日常生活需求的公共设施。旅游产业所需的综合配套区包括金融、医疗、教育、商业等。除了产业配套设施,为了满足居民需求,还需要提供超市、邮局、教育设施、行政服务等公共服务。

5. 产业支撑区

产业支撑区是实现区域综合发展的主要方式之一,主要由核心吸引区、休闲聚集区和旅居度假区等组成。该区域内的旅游产业向外延伸并形成各种项目,从而产生辐射或集群效应。这些行业分别是保健和养老服务、文化创意、健身和康复治疗等。产业支撑区具有广阔的发展前景和多样化的产业形态特征。

6. 运营管理中心

旅游综合体的软件系统包含运营管理中心,它是前面五大系统的基石,连接了五大系统的各个部分。旅游综合体是一个集合了多元产业的聚集区,其与传统的旅游景区及一般住宅地产都不同,所以,该运营面临极大的挑战。旅游综合体的运营管理系统主要分为四个方面：一是通过运营管理提供高品质的旅游服务；二是进行物业管理和后期经营，以满足旅客居住和休闲度假需求；三是培养产业和拓展产业延伸区，实现经济效益最大化；四是保持各种配套设施的顺畅运营，提供全方位服务。

二、珠三角区域经济发展模式及路径

目前，珠三角地区正面临经济结构和发展方式的重大转型，随着新形势的发展，既需要对原有的经济结构进行改革，又需要补充和创新原有的发展模式。

（一）珠三角区域空间结构与发展模式

区域空间结构是指在空间上相互联系和作用的区域经济客体所形成的组织形式，是区域经济的重要组成部分。点、线、面是构成区域空间结构的基本组成部分。在探究区域经济发展模式时，需要注意区域空间的组成结构。依据珠三角经济的实际发展，通常有以下几种模式。

1. 增长极带动型

在空间中，常常用"增长极"一词来表示城市。这些城市在空间结构中起着关键的带动作用。根据珠三角地区城市的发展，可以按照以下四个层次进行分类：

（1）中心城市

作为省会城市，广州的定位为"国家中心城市"。广州作为一个大城市，凭借其区位优势和历史传承，一直影响着华南地区，同时也对东南亚产生了深远的影响。我国最早成立的经济特区之一是深圳，其经济实力在全国处于领先地位，被定位为"全国经济中心城市"。因此，珠三角地区须以广州、深圳为核心，发挥它们的辐射和扩散作用，使它们能够推动整个珠三角地区经济的繁荣发展。

（2）区域中心城市

珠海作为我国五大经济特区之一。随着港珠澳大桥的竣工、横琴岛的开拓以及广珠城际铁路的通车，加之海洋工程制造基地、航空产业园等大型项目的建设，珠海的区位优势将愈加突显，并具有巨大的后发潜力和发展前景。

（3）较大城市

较大城市指的是具有较强综合实力以及对区域经济发展具有重要影响的城

市。除了中心城市，当前，珠三角的东莞和佛山可以说是较大城市。佛山市正在积极利用"广佛同城化"的助推作用，致力于推进地区经济的快速发展和壮大。作为被誉为"世界工厂"的城市，东莞正在转型升级，旨在实现第二次经济迅速发展。

（4）接受辐射的城市

在珠三角地区，惠州、中山、江门和肇庆等城市经济实力相对较弱，它们是受到香港、澳门、深圳、广州以及珠海影响的城市。

总的来说，在珠三角的发展过程中出现了一些所谓的"增长极"，其中广州和深圳作为中心城市率先发展起来，这主要是因为它们受到了香港的影响并且自身区位优势得以发挥，进而通过扩散效应影响了珠三角腹地的发展。得益于港、澳、深等城市的共同推进，东莞、佛山、珠海等城市的综合实力不断提升。在连锁影响下，惠州、中山、江门、肇庆的经济也迅速繁荣。

2. 点线连接型

点线连接是增长极模式的一种延伸。空间结构中的线是指用于在地理空间上建立经济联系的通道、系统和组织，包括交通线以及由一系列线型分布的城镇，也可以被称作轴线。

（1）东岸地区各点连线

该地区各重要节点的包括广深铁路，广深、广惠等高速公路。从广州到深圳，有两个主要的公路可供选择：一是广州、东莞、深圳（经新塘、虎门、长安等镇）；二是广州、惠州、深圳（经增城、博罗、龙岗等县区）。

（2）西岸地区各点连线

广珠城际轨道连接广州、番禺、顺德、江门、中山、珠海各地，形成了一条直线的路线，从广州到珠海仅需约50分钟的时间。随着广珠城际铁路建成，如今人们可以在珠三角居住，在广州工作。除此之外，西岸地区内部的高速公路网密布，交通便捷。从这里可以看出，建设重要的交通干线可以促进沿线地区的人口、货物、资金和信息的流转，原本独立的地点不再单独存在。这个干线还可以提供更好的投资环境和区位条件，吸引产业和人口沿着这个交通线聚集，成为该地区的经济增长点。因此，这个干线成为一个发展轴，形成"点线一体"的整体。

3. 经济圈网络型

经济圈网络型是区域发展的一种较为先进的形式。网络通常被描述为由相互关联的节点以及连接它们的线组成的空间结构，这些节点和线密切相连，构成了网络的基本组成部分，节点和线都承载着网络的信息和功能。珠三角内的经济圈是由多个城市组成的城市群，这些城市相互联通，经济互相融合，形成一个整体化的经济区域。依据珠三角实际状况，经济圈主要有以下几个特征：

第一，经济与社会文化之间的联系密不可分。如历史上，南海和番禺两县都管辖了广佛这两个地方，具有相同的历史文化背景，这是构成广佛同城的重要基石。

第二，实现交通衔接。例如，通过广佛城际铁路、广珠城际铁路的建设，促进广佛两市之间的交流。

第三，经济相互补充。例如，在广佛肇经济圈中，广州和佛山的产业错峰发展，广州的服务业和佛山的制造业优势互相补充。肇庆作为经济比较滞后的地区，接纳了广佛两市转移的产业和劳动力。深莞惠经济圈的各成员之间也存在相互补充的关系。此外，还可以在文化教育、资源能源、环境保护、科技与人才领域等方面进行合作。

4. 产业梯次转移型

依据梯度推移理论，一个地区经济的兴衰往往取决于其所依托的产业结构。只有当该地区实现朝阳产业的优化并促进其成长时，才能维持其持续发展的态势。相反，如果地区的产业结构不合理，那么可能会导致经济发展变慢甚至倒退。据该理论，创新活动往往从高梯度地区开始，逐步向梯度较小的地区转移，其中包括新产品、新技术以及新的管理。

依据广东省和珠三角地区的产业结构，梯度的划分通常分为三个层次：(1)珠三角内高梯度地区是广州、深圳。(2)珠三角内中梯度地区是东莞、佛山、珠海、中山、惠州、江门、肇庆。(3)低梯度地区是粤东、粤西、粤北。所以，珠三角地区的中心城市或大城市应该扮演辐射、带动的角色，推动高梯度地区的产业和人力资源向低梯度地区实现"双转移"。"双转移"也可以分为两个层次：(1)相对来说，比较不发达的珠三角城市利用香港、澳门、深圳等中心城市的影响，从中接受转移的产业和劳动力，吸引各类生产要素，进而推动自身经济的发展。

（2）珠三角地区产业和劳动力的转移可以延伸至粤东、粤西和粤北，从而孕育出新的产业群，促进区域经济的发展，形成新的经济增长极。

5. 经济与生态和谐发展型

经济与生态和谐发展型是区域发展最先进的模式。珠三角在推进生态城市建设方面，首先出现了珠海模式，然后又有了增城模式。珠海多年以来一直采取与珠三角其他城市不同的发展策略，一直坚持城市环境的完整性，努力打造现代化、花园式的海滨城市，且取得了显著的成效。当我们到达珠海，就好像置身于一个美丽的花园里，这座城市不仅实现了山、海、林、城的共存，而且被誉为"世界最适宜人类居住的城市之一"。近年来，增城建设了"三大主体功能区"的特色发展模式，南部是制造集聚区；中部地区致力于打造一个具有国际化生活和文化产业特色的区域；北部地区的自然景色非常迷人，因此该区域限制工业发展，积极发展都市农业和生态旅游业。这种模式不仅推动了增城经济社会的快速发展，也提高了居民的生活质量。除了建设功能区，增城还在全市推行全区域公园化战略。通过彼此协同互动，推动增城在工业发展、城市建设和生态环境保护方面走上科学发展的道路。

（二）路径探索与模式创新

1. 加强区域成员紧密合作

为了推进珠三角经济一体化进程，九个区域成员需要在紧密合作的基础上继续探索新的合作途径。主要是从以下四个方面展开。一是确定合作目标。珠三角九市需要突破行政体制的限制，遵循政府主导、市场引领、资源共享、优势互补、协同发展的原则，创造共赢的合作机制，以此完善地区资源分配。二是拓展合作领域，需要加强交通基础设施、资源和能源、科技和人才、生态环境保护等方面的合作。应当以促进广州和佛山的同城一体化为着眼点，以整合交通基础设施为切入口，推进珠三角地区的经济一体化。三是创建城市联盟，又称组合城市和都市圈。目前，珠三角的经济圈已经形成了一种城市联盟的模式。需要建立定期协商机制，让不同城市在交通、人才、环保等方面实现互通合作。四是在适当的时机引入新成员。由于珠三角地区经济的迅速发展，原有的各种生产要素（例如土地、资源、劳动力）变得越来越稀缺，为了扩展珠三角的战略纵深，需要及时引入新成员。

2. 增强镇级实力，发挥扩散效应的作用

珠三角增长极的模式可分为三个层次，即中心城市、较大城市、受辐射带动城市。随着珠三角增长极模式的不断加强，以及城市化现象的持续推进，现已开始讨论将第四个城市等级，即"镇级市"，纳入城市规划的议程。建议在部分珠三角地区制订"镇级市"的政策措施。原因在于，一些乡镇的经济实力已经超越了内地的县市水平，因此需要进行体制改革。

3. 充分利用联合开发、租赁等形式

一是通过与外资、港澳资本联合开发来充分利用资源；二是要增强与泛珠三角地区的协作。必须增强与广东毗邻的湖南、江西和广西之间的合作。利用广东省和珠三角地区邻近港澳、拥有较长海岸线和众多港口等优势，吸引内地省份的资金和技术来发展广东的港口以及建设临港工业园区。

总的来看，在新的背景下，广东以及珠三角地区面对一系列的挑战，同时也面临着巨大的发展机遇。因此，珠三角应充分利用其地理优势，及时进行经济结构的调整，创新经济发展模式，并持续发挥对全国经济的辐射和带动作用，以推动珠三角地区的经济发展实现新的飞跃。

三、长三角区域经济发展的空间结构

长三角地区是我国最大、最强、最密集的城市群，形成了一个以上海为核心，以江浙为两翼的城市体系，发展出跨区域的制造业、金融和贸易中心。从空间经济学的角度来看，一个区域的经济发展通常会经过由单个中心向多个中心转变的历程。

（一）长三角经济发展的增长中心和增长极

增长中心侧重于增长中心地区的增长，增长极强调的是增长极对整个经济的主导和引领作用。长三角地区的经济发展进程表明，上海在这一区域发展中扮演着不可忽视的增长极角色。

长三角各地区的发展相互关联，可以运用场论中的引力势理论来探究它们之间相互影响的程度。一方面，经济发展较好的地区，会对周边地区产生经济扩散效应；另一方面，该地区也会受到周边地区经济的影响。

上海在长三角地区中拥有最高的城市综合地位，可以推断出上海不仅是长三角经济的增长中心，也是该地区的增长极。上海在综合竞争力方面领先其他城市，这种领先也对周边城市产生了明显的扩散效应。由于上海地处沿海地带，具备得天独厚的贸易地理位置，又是中国的金融都市，市场环境非常成熟，因此许多国内外企业都非常热衷于在上海投资，规模较大的企业可以实现规模收益递增。企业的聚集产生了外部经济效应，以及上下游的相互关联效果和共享劳动力市场等方面的优势。高科技企业之间知识和技术的共享，不仅节约了资源，同时还提高了生产效率。这种因果循环的相互促进关系，对于上海经济的快速发展起到了至关重要的作用。

（二）长三角经济发展的趋势

上海城市规模的持续扩大带来了许多问题，如土地和劳动力成本的飞速上涨，生活费用的增加以及交通拥堵等，这些都影响了环境、健康和教育等方面的质量。城市的过度扩张，通常会导致资源分配的不均，同时城市外部的成本在一定程度上不由企业和个人承担。因此，在发展中国家，通常会出现"城市病"的现象。

所以，要保持长三角区域经济的可持续发展，应充分利用长三角其他次级中心城市的作用，实现长三角经济从单一中心向多个中心的合理转移。

四、京津冀经济圈的协同发展

实现京津冀协同发展的关键在于疏解北京的非首都功能。京津冀协同发展的初衷是为了解决北京所面临的"大城市病"，且为其他国家和地区的城市治理问题提供"中国方案"。为了缓解大量人口产生的交通堵塞、资源过载、环境污染等问题，需要通过疏解北京非首都功能，完善空间布局和经济结构，打造一条新的路线。要想实现北京非首都功能的疏解，必须从超出北京范围的广阔空间视野来看，并进行规划和协调。采用"多点一城、老城重组"的理念，建立起一个合理的、适应北京非首都功能疏解的空间结构。

党中央、国务院建立雄安新区的目的，是让其成为北京非首都功能疏解和人口分流的核心承载区，与北京城市副中心形成面向未来的新发展格局。同时，借助此机遇，促进北京老城区重建升级，提升城市管理水平。

推进京津冀协同发展的战略目标是高质量发展重要的动力源。我国经济的空间格局正在经历变革，中心城市和城市群已成为承担发展要素的空间表现。地理位置优越且拥有充足的创新要素和实力，京津冀地区应持续推动高质量发展，同时还需要解决制约协同发展的体制机制障碍，突破利益限制；加强内外开放的强度，通过开放促进合作；建构完备的区域创新机制，促进京津冀三地协同创新，成为带领全国高质量发展的重要动力源。

坚持"三地一盘棋"是推动京津冀协同发展的主要措施。要推进京津冀协同发展，需要将三个省市视为一个整体来统筹规划。为了实现这一目标，需要制订和实施区域顶层设计，发挥各自的优势。此外，还需要完善区域生产力布局，促进基础设施的联通、生态环境联防联治以及公共服务共建共享等。最终，通过疏解北京非首都功能，实现区域良性互动，推动三省市错位、融合以及协同发展。

通过结合引导和强制等手段，北京非首都功能的疏解工作取得了显著进展。加速制订并实施疏解引导以及倒逼政策，同时向内外方向努力，推动多个非首都功能项目不断地向雄安新区等地疏解。推动疏解单位提高工作质量和效率。实施规划方案，以优异的品质和高标准，推动雄安新区的建设。加快重点建设项目在雄安新区的开展，促进建设场面的繁荣发展，确保规划执行不出现错误。改善雄安新区的管理机制，落实"雄安事雄安办"。增强合作互动，推动北京城市副中心的高水平发展。

确保通州区和北三县协同发展规划得到有效执行，优先推进交通、能源、水利等方面的重要项目。完善副中心的配套设施和功能，增加其承载能力。增强对中心城区空间的腾退管理，提升管理水平的细致度。

加强关键领域攻坚，兼顾推进相关领域事务。加强跨区域交通、生态、产业、公共服务等重点领域工程项目的合作。为促进天津滨海新区高质量发展，加快张家口首都水源涵养功能区和生态环境支撑区的建设，支持北京成为全国科技创新中心，完善京津冀科技成果转化衔接和服务机制，同时优化区域内的营商环境。

通过监督，改善协同工作的体系。增强协调跨区域、跨领域、跨部门重要事项的能力，逐一确保执行到位。加强对区域情况的研究、分析，找出重大问题并提出具有针对性的建议。增强新闻宣传的力度，关心和关注公众。

五、东北老工业基地振兴

要让东北老工业基地复兴,关键需提升其产业的竞争力。区域经济的新型组织形式,即产业集群,可以促进区域经济的发展。在经济一体化的大趋势下,振兴东北老工业基地,政府的大力支持是必不可少的。同时,还需建立高质量的市场空间,并增强专业化分工协作,以加速区域经济一体化发展。在此基础上,培育具有比较优势的主导产业和特色产业群,加快东北老工业基地的发展。

(一)产业集群提升竞争力的经济学分析

在中国,产业集群是指一定区域内聚集着不同规模的企业,这些企业具有分工合作关系,与其相关的机构和组织也纷纷加入到这个空间聚集体中。这些企业之间的网络关系非常紧密,形成了一种在市场和等级制之间的空间经济组织形式。就像许多地区经济发展理论一样,产业集群理论也是从实践中得出来的,在许多地方的经济发展中起着重要的作用。随着市场经济的不断发展,产业集群迅速崛起,对其的认识越来越深,人们将产业集群视作一种新的区域经济发展理论。

1. 产业集群的区域品牌优势

集群内企业利用其资源、技术基础等因素,形成专业市场,促进了该地区产业的发展,产业集群的企业和专业市场的相互作用是其竞争优势的重要体现。通过企业集群的方式,能够发挥群体效应,有助于打造区域性品牌。当集群内的企业利用群体广告效应时,会催生出许多享有良好声誉和知名品牌的企业,从而形成"区域品牌"。一旦建立了"区域品牌",所有在该区域内的企业都能够共同分享使用。

区域性品牌是各个区域品牌的精华,其品牌效应更持久,比单个地区品牌更具有竞争力,即使单个企业的生命周期较短,只要企业集群不因外部原因(如技术或自然资源)而衰退或改变方向,区域性品牌效应会更持久,进一步参与国际竞争并向国际化的经营发展。

2. 产业集群的低成本优势

第一,生产、交易成本低。该区域不仅在原材料方面具有丰厚的资源,同时还具备便利的交通和人才资源,这些都为集群内生产加工型企业和服务型企业提供了优势。这种资源禀赋的优势能够帮助企业优化资源的分配,降低生产成本,并提高资源的使用率。集群内企业距离的缩短，不仅能够为企业带来基础设施的经济效益，还可以促进信息传播，同时减少交易费用的支出。

第二，企业进入、退出成本低。在集群内，企业可以共享公共资源和改善公共设施，从而降低了进入集群所需的外部建设成本。既能减少企业进入市场的开支，也能降低企业离开市场的费用，进而便于创新型企业聚集，进一步完善了优胜劣汰的竞争机制。

第三，信息成本低。产业集群还能处理信息不匹配问题。由于企业大多集中在集群区域内，这些企业可以与功能完善的专业市场共存，能够及时获得市场上最新的技术信息，并且通过人际渠道高效地传播信息。这种情况下，企业搜索信息的时间和成本大大减少，有利于企业的生产接近市场，甚至领先市场。

第四，配套成本低。企业集群的一个主要特征是专业化经营。在集群内部，各种形式的专业化企业分别扮演着产业链的不同环节，在高效的分工协作体系下工作。这些企业之间的地理位置非常相近，有助于减少生产所需材料的运输和仓储成本，以及降低招聘人才的费用。

3. 产业集群的技术创新优势

集聚所带来的竞争压力对企业来说具有两种作用：一方面增强了竞争，另一方面是企业竞争优势的来源。产业集群是由同一产业或相关产业的企业、顾客、政府或机构等组成的一个群体。这些企业和机构之间联系密切，因此企业能够快速吸收并消化新的技术，从而实现自身的更新、升级，持续进行产品创新。除此之外，产业集群内企业之间的竞争压力增强，使其不断地保持足够的创新驱动力。

（二）东北地区发展集群经济的对策

1. 加大政府引导力度

在市场经济体系中，生产要素会更多地流向市场环境和政府服务良好的地区，因此加大政府的引导力度至关重要。政府能力和效率的竞争体现在不同地区中。中国产业集群的发展具有鲜明的特征，即在中国计划经济转向市场经济的过渡时期，政府在集群发展中扮演着关键的角色，需发挥政府作用来为企业的发展提供支持和服务。在这种情况下，企业需要的是创新的体制和机制，以应对新形势对老工业基地的调整，这也是政府职能转型、企业转型的重点。政府应该秉持宏观导向服务的理念，避免直接干扰企业经营活动。

政府能够通过实施各种产业政策来推动集群发展，确保集群的稳定，创造有利于产业集群发展的良好市场空间。通过吸引共同的中介服务机构加入集群，促进企业之间的合作，从而获得外部规模经济和外部范围经济的优势。各种中介机构也是产业集群发展的重要推动力量之一，对发挥产业集群效应起到了重要的促进作用。所以，政府应该促进和引导这些中介组织参与集群的发展。

在东北老工业基地振兴过程中，应当引导该地区众多科研院校参与产业集群的发展，促进产学研的紧密结合。同时，还应该建立起有益于产业集群形成和发展的网络，以此实现干预型政府向服务型政府的转型；为了促进产业集群的形成，可以采取一些措施以鼓励那些有潜力实现集群化发展的产业，如提供优惠政策、展览会等，实行联合经营等方法来引导和开拓市场。相反，那些无法实现集群化发展的产业，尽量不要建立过多的工业园区。政府应主动争取区域发展资金，适度宽松融资条件，有序控制民间资金的流向，增加自主研发的投入，促进设备的升级。

2. 营造高效宽松的市场环境

要让东北老工业基地走向产业集群，重要的是要营造一个高品质的市场氛围。在市场力量的驱动下，形成和发展产业集群需要一个适宜的创新市场。因此，为了加速东北老工业基地的市场化改革，创造一个有利于产业集群形成的制度和市场是非常必要的。广东珠三角、浙江特色产业集群和北京中关村的高科技产业集群都是在市场机制的推动下自发形成的。因此，东北老工业基地最迫切需要的是具有活力的市场，而非仅仅依赖投资项目。中央政府应积极促进东北地区市场要素的流动，地方政府部门应将国有经济的战略和民营经济有效结合，积极扶持民营经济，推动东北地区经济结构的良性转变，以及推动东北地区工业技术结构的升级，提高农产品的附加值，促进农业产业化，为产业集群的形成奠定强有力的市场基础。

3. 发展特色产业集群

尽管东北老工业基地以重化工业为主，但大多数城市的主导产业模糊不清。因此，需要发展特色产业集群。因为专业分工和社会分工体系不够明确，所以重点发展方向有待确定。考虑到这一点，改造东北老工业基地的方式不应该是过去的老路，而应该从现实情况出发，发挥各种优势，通过采用高新技术来改变传统产业，实施向主导产业和优势产品倾斜发展的策略。因此，东北老工业基地应着重发展占比重大、增长潜力大、高度化发展的产业。具体来说，这些产业包括重大装备制造业和零部件工业，以及化工、电子、医药等行业。此外，还应该发展劳动密集型产业，并促进产业集群优势的形成。

除了发展优势产业，还应该推进特色产业的集聚，这是提升地区竞争力的重点。当前，我国正在积极完善产业结构，重点发展附加值较高、技术含量较高的制造业，这给东北地区带来了发展的机遇。东北地区的制造业通过企业改革和市场拓展，形成了新的专业化分工体系，从传统产业向特色产业集聚转型。这种转变将高新技术和地方知识技能相结合，形成产业集群，从而提高产业资源的利用率，并增强区域竞争力。

第六章　中国特色区域经济发展转型与展望

本章为中国特色区域经济发展转型与展望，分为中国区域经济发展转型亮点与特色与中国区域经济发展转型的趋势展望两节，详细阐述了中国特色区域经济发展转型过程中呈现的亮点与挑战，并对我国未来区域经济发展作出展望。

第一节　中国区域经济发展转型亮点与特色

一、我国区域经济发展转型呈现的亮点

在我国区域发展总体战略的部署下，各省（市、区）充分发挥自身的积极性、主动性和创造性，因地制宜，从实际出发，提出了本区域的发展战略，制订了本区域的发展规划，我国区域经济发展进入了一个百花齐放的新阶段。

可持续发展的重要基石之一是区域经济的持续发展。为了确保区域经济不断发展，需要整合政府、企业和公众等不同方面的资源，促进他们共同推动区域经济的发展。目前，中国各地区经济已经涌现出许多发展亮点，这些亮点对于推动我国经济发展具有至关重要的作用。

（一）我国区域经济发展转型出现的新变化

1. 区域经济政策的出台与运用更趋科学

我国现阶段的区域经济政策中，区域发展总体战略占据了一个重要的位置。我们将继续把深化西部大开发战略作为区域发展总体战略的重中之重，并采取特殊政策支持此项战略。同时，我们还将全面振兴东北老工业基地、积极推动中部地区的崛起并大力支持东部沿海地区实现先发优势。尤其值得注意的是，党中央和国务院非常重视在实施区域经济政策时采用科学化和规范化的方法，这在近些年的政策中也有体现。

2.区域经济合作不断强化

随着我国不断深化经济改革，区域经济的发展越来越对我国的经济发展产生积极影响，这也会导致更广泛的区域经济竞争环境。

近年来，我国地区经济合作呈现出规模庞大、范围广泛的特点，涉及不同的组合体制。这些合作并不受地区本身经济地位高低、是否纳入国家发展规划等因素影响，但它们无疑对地区经济发展产生了重要的促进作用，为我国经济的迅速发展作出了贡献。我国已经形成了相当规模的区域经济合作，这些经济区在我国地位非常重要。建立的共生共赢型经济体系已成为国内经济增长的重要推动力。未来，区域经济在我国经济发展中的作用将变得越来越重要，并发挥越来越大的影响。[1]

3.经济重心从沿海向内陆转移

目前，中国的经济发展重心正在逐渐向内陆地区转移，这一趋势在中国的区域经济发展中备受关注。随着中国改革开放的不断推进，我国的开放战略已经逐渐从沿海地区向沿江、边境和内陆城市延伸。当前，我国在区域经济发展方面已经建立起三大桥头堡，推动了经济重心的转移。三大桥头堡的优势在于其出色的交通节点功能，这一特点使得产业能够相互补充，进而推动国内、国际市场的发展，促进亚洲地区的共同进步。

（二）我国区域发展转型出现的新特征

自党的十八大以来，中国的发展思路不断深入，对于区域发展的战略和政策也在持续完善，因而，区域发展呈现出崭新的面貌，尤其是区域发展的协调性和区域开放的程度均得到了增强。

1.区域发展协调性增强

中国一直存在着区域发展不均衡的问题。由于国家在中西部地区提供了更多的政策支持，导致近年来该地区的经济增长有所提高，而东部地区则更关注提高经济质量，这将有助于促进中国整体地区的协调发展。然而，东北地区的经济下滑非常显著，需要引起关注。

中国各地区在经济增速、经济总量占比和基本公共服务方面的总体差距有所

---

[1] 蔡之兵.高质量发展的区域经济布局的形成路径：基于区域优势互补的视角[J].改革，2020（08）：132-146.

缩小，表明区域协调性加强。另外，中国区域协调性的加强也表现出各地积极探索和发挥本地优势，以确保经济发展与环境保护和社会进步相互促进。中国各地区正处于各自不同的发展阶段，这也导致了经济和社会两方面的发展差距。尤其是在发展水平和质量方面，差距更为明显，且不可避免地存在着绝对性差异。除此之外，随着中国城市群的不断壮大，由于集聚效应的提高，城市群与其他区域内地区的发展差距、城市群内部的差异以及省际差异已经成了值得关注的问题。这同样是未来中国在实现区域协调发展方面需要关注的要点。

2. 区域全面对外开放格局逐步形成

中国经济发展的一个重要推动力量是对外开放。这种开放不仅可以推动区域经济的发展，还可以塑造整个区域的经济格局。在中国实施非平衡区域发展战略时，采用了以东部沿海地区为基础的策略。"十二五"规划明确提出了加强区域间开放协调性的要求，强调了要将推进区域开放与促进区域协调发展紧密结合起来，全面加强沿海、内陆和沿边地区的开放，确保区域间开放水平的平衡和协调。在"十三五"阶段，基于区域发展总体策略，利用"一带一路"倡议作为引领，积极开展双向开放，推动沿海地区广泛参与全球经济合作与竞争。将内陆中心城市和城市群作为基础，创建内陆开放战略支撑带，推动区域之间的协调发展。在"十四五"规划中，我们将致力于实现高水平的国际开放，拓展具有合作共赢性的新模式，构建更先进的开放型经济体系，促进高质量的"一带一路"建设，并积极参与全球治理机制的改革和建设。通过实施"一带一路"倡议，中国中西部地区摆脱了一直以来面临的向海洋开放所带来的劣势，而是拥有更加有利的地理优势——靠近丝绸之路经济带沿线国家。与东部地区相比，中西部地区在劳动力和土地成本方面仍具有一定的优势。

中国最初以货物出口换取资本和技术来推动对外开放，但随着对外开放程度的不断加深，中国现在最缺少的不再是资本，而是核心技术。当前，中国不仅在引进外资方面取得了显著进展，在资本"走出去"向海外投资、输出广受认可的技术和管理经验方面也取得了瞩目的成就。尽管中国的区域对外开放状况已经有所调整，但东部地区仍然保持着领先地位，这导致一些不平等的情况。此前，该地区一直处于贸易顺差的状态，但现在正在朝着实现贸易平衡和实施资本输出的目标迈进。中西部地区也在积极地加快推进开放进程。

3. 城市群呈现新特点并引领区域经济发展

经济活动在空间上呈现出聚集的趋势，比如美国 GDP 的 50% 分布在少数城市，主要集中在东海岸、西海岸和南部地区。日本的三大都市圈是日本 GDP 的主要集聚区。巴西中南部的三个州与巴西国土面积的 15% 内，却创造了全国总产值的 50% 以上。在空间上，许多国家的经济发展存在不均衡的情况。中国也是如此。中国东部地区因其开放经济发展，具有独特的优势，使其成为人口经济活动聚集的区域，而不仅仅是受自然地理因素（如高山、河流）天然地分割空间的影响。东部地区的经济发展已经开始向长三角、珠三角和京津冀等城市群这些重要区域聚集。

鉴于东部城市已经承载不了中国庞大的人口，所以中西部重要城市已经开始出现或规划了一些地区性的城市集群。正在建设的一个城市群包括武汉、长沙、郑州、西安以及西部的成都、重庆等城市。因而，中国逐渐构建了多元化、各具特色的城市群，并形成了依托城市群推动地区经济发展的新趋势。

以城市群为主体推动区域创新。随着新一轮科技革命和产业变革的开始，中国必须注重科技创新，积极投入更多的资源，瞄准核心技术，以改善"跟跑"现状、提高经济发展质量。由于在中国，科技创新资源分配不平衡，科技创新资源包括科技创新人才、科研机构，以及创新资本等，因此中国政府计划加强区域创新中心的建设，以城市群为单位促进整个区域经济的发展。高等院校和科研机构是北京、上海、武汉、西安、天津、合肥、深圳等城市的主要科技创新资源所在地。北京是一座充满科技智慧的城市，作为全国科技创新中心的新骨干，它汇聚了大量的科技人才和知识资源。中国在进入新的发展阶段后，将致力于利用科技创新中心所拥有的各类资源，旨在促进区域经济的可持续发展，并在推动协调发展方面发挥重要帮助作用。

目前，国内各地区经常出现一些占据着重要地位的城市群，比如被国家承认的有位于东部地区的京津冀、长三角、珠三角三个城市群。武汉、郑州和长沙地区形成了以自身为中心的城市群，分别是武汉城市群、中原城市群和长株潭城市群。成渝城市群位于中国西部地区城市群。辽中南、哈长城市群，是位于中国东北地区的城市群。此外，实施京津冀协同发展战略对于研究大城市和改善城市群现状具有不可或缺的重要性。类似的，长江经济带发展战略的提出目的在于促进不同地区之间的联系，实现长江区域协同发展。

(三）我国区域经济发展转型的新形式

如今，经济全球化的趋势越来越加强，在这种大环境下，工业化以及信息化所具备的发展模式在社会的发展中起到了催化的作用。尤其是最近几年应用最为广泛的信息技术，对经济空间的具体布局产生了影响，也会对区域经济内的利益布局带来影响。

在新的发展背景下，传统的规则与政策制度也暴露出了很多的不足。在规则变革的过程中，如何处理好产业吸引以及区域价值之间的关系，无疑成为地方政府需要面临的抉择。各地区应正视本地区产业文化特质及其实时的演化态势，以此为基础，因地制宜地加快产业建设发展。

历史上最具决定性意义的选择之一是工业革命、市场经济以及经济全球化的兴起。它们对于人类的命运和世界的形态有深远的影响。随着社会的不断进步，工业化和全球化已经进入了新的历史阶段，给我国的区域经济带来了前所未有的新挑战。

1. 区域经济开放格局的深刻变化

中国的经济开放格局会在多个方面出现变化，这是由当前大环境的影响所导致的。我国积极跟随世界工业化向南亚、非洲和拉美等地区推进的趋势，取得了显著的成效。为了促进"一带一路"倡议的实施，我们利用自己强大的基础设施建设能力，加强了全球范围内的互联互通。

通过我国政府不懈的努力，推动世界范围和各地区之间的利益关系发生了重要的转变。首先，会产生地理位置远和近的变化。其次，通信和交通成本的高低也会产生变化。我国沿海和内陆的经济发展逐渐趋于均衡。随着地理距离的缩小，经济发展受空间限制的影响也逐渐减小。在当今社会的背景下，我们可以发现，即使距离较远，也不一定会增加经济成本。远程交易方式的改进进一步促进了供应商和需求方之间的联系和远程合作。在这种情形下，可能会诞生新的跨国经济联系点和交汇点，涉及国内和国际经济网络。即使在一些经济落后的地区，也可以实现"买全球，卖全球"的商业战略。在经济全球化的新形势下，我国各地区均有机会和全球展开经济合作与互通。

随着现代信息技术和互联网科技的迅速发展，我国区域经济开放格局正在发生显著变化，这对产业结构调整和地区环境建设至关重要。地区的发展差异不仅取决于本地的人才和资源的优劣程度，也可以通过有效地利用信息科技将信息资源和信息技术转化为新的发展优势。在现今迅速发展的信息技术时代，物质、能源和信息这三个行业的基本要素正在经历微妙的变化，它们所扮演的角色也日渐不同。随着时间的推移，空间已经越来越不再是信息流动的关键因素，相反地，信息的重要性在不断突显，对产业的发展起着至关重要的作用。现代信息技术和互联网的广泛普及使得不同地区之间的联系变得更加密切，促进了地球的"扁平化"。随着交通的快速化、产业的智能化及市场网络化的不断改善，各地区将拥有更多的战略选择空间，这将更好地实现人类的"想象力的具体化"。

经济发展能够不断提升人们实现梦想的能力，而所谓的创造力，就是能够把我们的想象变成现实的能力。所有现代商品实质上都是将信息变得具体化的一种形式。创意启迪了我们的思维，随后我们将这些思维抽象化转化为具体行动。正是由于这种创造力的存在，才使人类与其他生物产生了显著的差别。综合以上所述，我们已经进入了全球化的新时代。工业化和信息化的不断深入，加上经济全球化基础设施的不断完善，将不可避免地对经济区域的格局产生重要影响。

2. 区域经济利益格局的演变

开放格局对区域经济产生了重大影响，由此带来了区域经济利益格局的变化。全球经济一体化的新阶段带来了明显的转变，其中市场竞争主体和国家区域之间的利益关系发生了改变。过去明确分界的经济体利益边界现在日益复杂化，已经演变为相互交织的利益关系。

由于彼此共同利益的日益扩大，不同地域和国家之间的利益已经相互渗透。区域经济不再受限于本地区，而是向更广泛的地区，甚至全球扩展，这一趋势将成为未来经济的重要特征。同时，不同地区之间的利益联系也将变得更加紧密和相互依存。当一个国家吸引一家经济实体投资时，该实体会持有该国企业的股份和债券，还可以在国家的股票市场或产权市场上进行股权交易，并且还有可能在跨区域或跨国的产业链上进行拓展。因而，该经济实体的投资将直接影响被投资国家或地区本地居民的利益。同样地，跨国企业在成为经济主体的情况下，可能会干扰其他国家或地区的国民利益。确立跨国企业身份需要一个复杂的系统来实现。可以根据不同的分类标准来识别确定，如以企业注册地和股权归属等为依据来执行认定程序。这个参考提供了相应的准则，能够帮助区分本国（本地）和外国（外地）的企业。当前，全球经济已经实现了高度互联互通，生产方面的分工更加精细。在这样的情况下，如果进行生产监测，就会发现各种产品都在复杂的生产流程中进行制造，涉及多个国家和企业的合作，因此每种产品的制造都非常复杂。在全球价值分工体系的影响下，制造业已从国家级别上升为全球企业的制造。全球产业链以无国界的生产体系为主要力量，以此组织和引导生产。在这种全球化的背景下，各个地区和国家需要更深入地开放和合作，同时也要进行适度的竞争，以促进更好的发展。这表示随着时间的推移，"可贸易产品"和"不可贸易产品"之间的分界线在区域（国际）层面上变得越来越模糊，这导致"不可贸易产品"（例如基础设施建设）也变得可以交易。这也使得在地区和国际上"不可贸易产品"的布局变得竞争激烈。随着国际和地区利益格局的变化，难免会出现许多新情况。这些变革将重塑产业竞争和合作的方式，也会导致贸易规则、政策和竞争规则无法适应新形势。考虑到这些新的情况，我们需要制订新的体制、准则和政策来应对。

3. 国际竞争规则和区域政策的变革

工业革命以来，人类社会经济水平迅速提升，在历时两三百年的发展阶段中，经济增长达到了前所未有的速度，成为人类历史上增长最为迅猛的时期。尽管如此，实现经济迅速增长的方式仍然需要通过工业化来实现，而实现工业化的思路则是：借助科技进步，不断扩大市场规模并推广"大众消费"，以获得创造和积累财富的机会。因而，工业化的主要特征在于国际贸易和工业生产力的相互促进，这种关系助长了经济全球化向全球工业化的转变。根据经济理论，自由贸易可以在不影响其他国家和地区利益的前提下，实现每个参与国家的利益比较优势，达到"帕累托改进"的效果，这也意味着全球经济福利的提升。遗憾的是，上述理想的情况并未实现。为了有效推动自由贸易，必须严格遵守规则，避免出现无序自由贸易，因为没有一种绝对中立的规则能够适用于所有利益相关者。

贸易（竞争）规则会对各国内部的利益集团产生影响，这些影响可能导致不同利益集团的受益程度出现差异。即使在"帕累托改进"的前提下，有些利益集团可能获得更多的利益，而其他利益集团则可能获得较少的利益，这可能会导致部分利益集团感到自身的利益被剥夺或受到了损失。尽管没有直接遭受任何损害，但是评估间接损害的影响是异常棘手的。因此，国内经济政策、各利益方的交锋以及根据相关贸易规则产生的利益分配之间存在复杂而相互影响的关系。一个国家的获利并不必然意味着大多数人都会受益。因为全球越来越注重经济发展，所以各国都在朝着全球工业化方向发展。这也导致经济因素和商品在世界各国和地区之间以频繁和高速的方式流动，因此在竞争中形成极其复杂的"利益纠缠"。

此外，随着现代信息技术的广泛应用，尤其是互联网的普及，人类的生活已经被网络彻底改变。互联网的应用使人与人之间的联系更加紧密，竞争也更加公平。现今，随着互联网的日益发展，人类已使"网络"具备了广泛且深入的特性，网络本身也已成为无可匹敌的统治者。互联网的出现改变了经济关系，逐渐淡化了"等级"和"中心"的概念，并凸显出分散式的平等趋势。通过网络的运用，市场经济中公平竞争的原则将得到普及使用。除此之外，随着贸易和竞争之间的关系变得更加复杂，调和各种利益也变得更为困难，这将进一步加剧社会风险。随着形势的变化，曾经有效和合理的政策、规则可能会失去适用性。因此，在全球一体化的大环境下，必须要改革贸易和竞争规则。

随着世界工业化进入全球化新阶段，各地对外开放的格局也经历了深刻的变革。考虑到这种情况，地方政府需要制订政策来促进区域经济发展，通过促进本地产业的发展和提高区域价值来激发新的经济活力。

（四）区域协调发展转型中出现的新问题

目前，中国的区域发展已经转向以城市群为中心的阶段，这一转变虽然增强了区域发展的协调性，但同时也带来了新的挑战，需要引起我们的关注。

1. 各区域存在不同程度的"去工业化"

经济现代化的过程中，工业化扮演着重要角色，其核心是现代工业的不断发展和升级。在中国的经济中，工业扮演了重要的角色，而工业化的进程很大程度上依赖于制造业的成长。自中国2001年加入WTO后，进一步加快了开放的步伐。东北地区基于中华人民共和国成立后的工业基础发展工业，而东部地区则因沿海区位优势，在经济发展方面走在了前列。尽管国际金融危机曾一度导致中国经济在2009年出现短暂下降，但除了东部地区持续下降外，中部、西部和东北地区在2011年触及峰值后才开始回落。第一，是因为劳动力、土地、资源环境等工业发展成本不断上升。第二，中国通过实施主体功能区划分，主动调整国土空间的发展布局，以提高不同地区经济发展的质量。第三，各地的经济下降趋势基本上是同时出现的，这在一定程度上可以归因于经济结构调整、优化和服务业比重的增加，这些因素促使各地采取主动措施，加大了"去工业化"的力度。

自2011年我国发布《全国主体功能分区》以来，政府开始调整经济发展策略，将更多精力放在提高区域经济发展质量上。相对而言，东部地区的经济放缓更多受到自然因素和外部环境的共同影响，而中部地区、西部地区和东北地区则是在2011年后共同面临着工业增加值占比下降的挑战。2018年，中央经济工作会议提出了"去工业化"的概念，要求各地区根据自身实际情况制订相应的政策和措施，推动经济结构调整和转型升级。

2019年，国务院发布《关于推进产业转型升级促进经济高质量发展的意见》，明确提出要推进传统产业转型升级和新兴产业培育发展相结合，推动区域产业结构优化升级。

2020年，国家发展改革委等部门出台了《关于促进劳动密集型产业转型升级的意见》，提出要支持劳动密集型产业转型升级，推动传统制造业向中高端迈进。

2021年，国务院发布《关于支持贵州在新时代西部大开发上闯新路的意见》，提出要推进传统产业提质升级，培育壮大新兴产业，推动经济转型升级。

2022年，国家发展改革委等部门出台了《关于促进新时代新能源高质量发展的实施意见》，提出要加快新能源产业发展，促进经济绿色低碳转型。

2023年初，国家发展改革委等部门出台了《关于推动文化产业赋能乡村振兴的意见》，提出要推动文化产业与乡村振兴战略相互促进，推动文化产业成为促进乡村经济发展的重要支撑。

尽管中国正在经济现代化的道路上不断发展，但是由于各地区之间经济发展不平衡，导致不同区域的经济处于不同的发展阶段。中国的生产效率和工业技术水平相较于发达国家而言较为薄弱。中国仍未彻底完成其工业化的使命和各地区的相应任务。尽管中国是一个拥有大规模工业的国家，但与日本、德国等国家相比，在工业领域还存在一定的差距，未能达到工业强国的水平。在进入新的发展阶段时，我们需要更加准确地了解工业化，并提升工业发展的质量。同时，我们也应该增加对核心技术的投资，以便充分发挥先进制造业对区域经济的增长支持作用。

2. 区域创新网络尚未形成

尽管经济活动和创新都呈现出聚集的趋势，但是创新的集聚现象更为显著。国际创新中心主要集中在欧美国家，如美国的东、西海岸，英国的伦敦都市圈等区域。在研究一些成功的国家或地区时，我们可以得出一个结论，就是通过市场机制或政府的干预，将知识、人才和资本等各种要素融合起来，从而形成一定的产业集群。这样的聚集有助于促进科技创新和企业之间的互动合作。就中国的创新资源分布而言，高校和科研院所等创新资源主要集中在东部地区，包括京津冀、长三角、粤港澳大湾区和中部地区的长江中游城市群、关中城市群，以及西部地区的成渝城市群。少数城市如北京、上海、深圳、武汉和西安等成为创新资源的主要聚集地，存在着创新资源分布不均衡的现象。

中国经济正步入高质量发展的新阶段，更加重视科技创新对促进经济发展的作用。然而，在国内，创新资源之间的相互作用存在着普遍的不足。一些国家级科技创新项目虽然能够在项目期间聚集到一些短暂的创新资源，但却缺乏常态化的创新资源交流，从而无法形成有效的创新网络。一些高科技产业园无法与高校科研院所建立有效的合作机制。此外，还出现了一些先进的实践示范。例如，北京提出了"三城一区"的倡议，旨在整合本地创新资源，促进科研机构与企业之间的良好互动，进而推动科技成果在市场上得到实际应用；长三角地区的创新资源呈现出互相促进的良好趋势；广东可以通过粤港澳大湾区获得大量的港澳创新资源和拓展创新网络的机会。这些都是我国创新资源互动的最新进展，但需引起高层关注并消除创新合作上的障碍，进而促进区域创新网络的进一步发展，从而为高质量发展提供可持续的支持。

3. 区域合作机制创新不足

尽管中国在区域协调方面取得了显著进展，但在实现区域发展和跨区域合作方面，仍然存在制度和机制方面的难题。这些方面涉及的内容包括生态补偿机制在跨区域生态环境治理中的应用、利益共享机制在跨区域产业转移合作中的实现，以及解决跨区域政策沟通中行政等级不平衡等问题。如果没有创新的机制，市场机制的运转会受到很大的影响，从而妨碍要素的自由流动。2018年11月29日，中共中央国务院发布了《中共中央国务院关于建立更加有效的区域协调发展新机制的意见》，其中提到了要实施区域统筹战略、完善市场一体化发展机制、深化区域合作、优化区域互助机制、健全区际利益补偿机制、完善基本公共服务均等机制、创新区域政策调整机制，以及健全区域发展保障机制。2023年5月发布的《关于建立更有效的区域协调发展新机制的意见》中提出了多项措施，其中包括完善区域战略统筹机制、健全市场统一发展机制、深化区域合作机制、优化地区互助机制、建立健全区际利益补偿机制、完善基本公共服务均等化机制、创新区域政策调节机制、建立健全区域发展保障机制。这是一份重要的建议和意见，旨在推动当前中国地区协调发展机制的创新。因此，必须认真对待区域协调机制的实践探索、总结和理论提升，以建立适合中国国情的、全面的区域协调机制体系。

（五）区域发展转型的新思路

随着政府对发展理念的深入认识，中国的区域发展战略和政策得到了不断完善，逐渐形成了富有中国特色的区域发展战略和政策框架。在全球及国内形势不断变化的情况下，区域发展出现新的趋势。为适应这种新的局面，我们需要采取新的思路来引领区域发展，以期实现高质量发展目标。

1. 创新引领区域发展

现代生产力的核心是科学技术。中国经济已经步入一个新的发展阶段，需要依靠科技创新的力量，促进经济提质增效。中国应该加大科技创新的投资力度，提高自主研发核心科技的能力。这样才能改变经济发展中"跟跑"的境况，提升经济发展的水平。鉴于科技创新人才、科研机构、创新投资等资源的分配存在不平衡现象，中国将采取措施加强区域创新中心建设。这些中心将以城市群为基础，并促进整个地区经济的发展。为了促进区域经济协调发展，在新的发展阶段，我们需要充分整合和利用科技创新中心的资源，并将其扩散到各个地区。以创新为引领，利用科技成果推动经济发展，让科技成为促进区域经济发展的重要推动力。

2. 区域发展要与改革开放紧密结合

对外开放对塑造区域经济格局具有至关重要的影响。在当前国际环境下，由于各种变化的影响，我们正逐渐向全方位开放过渡。因此，在谋划区域协调发展方案时，我们需要具备开放的思维方式。随着中国经济实力的加强，"贸易摩擦和技术封锁"问题在开放经济条件下变得更加普遍。有效发挥区域经济发展的潜力和优势，加强其竞争力，能够让中国在开放经济中具有抵御外部冲击的能力。

3. 区域发展与中国现代化进程有机结合

工业化是推进现代化的阶段性进展。我们不能简单地将工业化理解为用服务业取代工业。生产性服务业是在经济产业分工中从传统工业领域中分化出来的，它的存在是为了满足工业发展所需的服务需求。工业的发展为服务业提供了实验基础，二者之间形成了良性互动关系。工业化是一个螺旋上升的过程，在衡量其程度时需要综合考虑工业占比与工业发展质量。中国不同地区的发展水平差异，为国内产业转移向"雁阵"模式转变提供了机会。为了提高中国工业化水平，要深刻理解工业化的内涵，需要从两个方面入手，一方面要考虑制造业产业转移的趋势。另一方面应当持续发挥区域比较优势的作用，并致力于推进制造业的不断发展。

东部地区汇聚了众多的科研机构、高端人才，借助这一优势可以形成创新经济的集聚区。中西部地区应该在以东部为主的产业分工格局中融入全球产业分工，充分利用"一带一路"倡议，拓展与中亚、西亚、中东欧等地的经贸合作。相较于东部地区，中部地区具备充足的中低端人力资源，地价相对实惠，且与东部港口城市距离较近。此外，还可以利用当地的创新中心，与东部地区联合推动创新和合作。除了中部地区的优秀劳动力和土地资源，西部地区还具有接近"一带一路"沿线国家，尤其是东南亚、中亚和西亚的优势，因此具备明显的边境经济贸易优势。中国高速铁路和公路网络覆盖率高，将显著降低物流成本，为包括制造业在内的工业发展和创新要素流动创造重要条件。

二、我国区域经济发展转型的若干特色

改革开放四十多年以来，党中央和国务院一直高度重视促进各地经济发展，并不断完善区域的发展策略。此外，还为东、中、西、东北地区这四个区域设计了一系列改革方案和指导方案，旨在实现这些地区的协调发展和整体发展。中国曾经出现区域经济发展不平衡的现象，但现在已经朝着实现区域均衡的方向发展。经过努力，区域经济快速发展，区域之间的差距逐渐缩小，区域经济格局得到了历史性改变，形成了一条独具中国特色的区域经济发展路径。[①]

---

① 刘斌. 区域经济发展中地方政府管理创新路径解析[J]. 经济师，2020（08）：118-119+122.

（一）战略不断完善，引领作用凸显

改革开放四十多年以来，中国已经成功实现了区域经济发展从不平衡到平衡的转型。区域经济发展步伐加速，不同地区的经济增长差距逐渐减小，整体经济格局发生明显变化。在中国地区的经济发展中，科技创新已成为最具活力的推动力量。创业创新蓬勃发展，促进了创新体系的不断完善，这有助于让中国地区的经济不断向高质量方向迈进。

自1978年到1998年，中国区域经济发展的重点在东部地区，东部地区在经济发展方面获得了显著的成果。然而，区域经济水平的差异也不断加大，中西部地区与东部地区之间的差距越来越大。中央从"九五"计划开始提出缓解区域发展不平衡问题的战略，意在扭转区域差距扩大的趋势。接着，中国调整了其区域经济发展战略，开始实施区域协调发展战略。

（二）区域经济格局变革

四十多年来，中国的改革开放取得了巨大的成功，推动了经济社会的快速发展，使得中国的综合国力和国际影响力取得了历史性的突破。东部地区在经济上处于领先地位，中西部地区的经济水平也在快速提升，而东北地区的经济正在逐渐复苏。区域之间的发展差距逐渐减小，经济发展也从快速增长转向了更加注重质量的发展阶段。

1. 区域经济高速增长

自改革开放以来，中国国内生产总值（GDP）的年增长率一直持续提升，呈现出稳定增长的势头。在这段时间里，GDP的年均增长达到了9.4%，远远超过世界经济同期平均增速1.8%左右。中国的GDP增速已经从高速增长阶段进入了中高速增长阶段，中国GDP增速换挡，但换挡不是"踩刹车"，而是"换引擎"。自党的十八大以来，中国经济发展的平衡性、协调性、可持续性有了显著提升，国内生产总值达到百万亿元的高度，人均国内生产总值则超过了一万美元。同时，国家的经济实力、科技实力和综合国力也实现了重大跨越。随着中国国民经济的蒸蒸日上，地区经济取得了令人瞩目的成果，经济总量也实现了史无前例的迅速增长，日益迈向更高的发展水平。随着中国国民经济的快速发展，区域经济发展也获得了显著进步，各地的经济总产值实现了历史性的飞跃，持续迎来新的发展机遇。

东部地区率先发展，并逐步迈入高质量发展的阶段。自改革开放以来，中央政府出台了许多针对东部地区的政策，旨在促进该地区的发展。这些政策帮助东部地区提高了自主创新能力，并将重点放在了高新技术产业和现代服务业的发展上。这些努力推动东部地区快速孕育了一批具有自主知识产权、核心技术和知名品牌的企业。随着东部地区的生产技术水平不断提高，资本和劳动力纷纷涌向东部城市，使中西部地区的人力物力资源逐步减少。因此，中西部地区已经成为产业链的上游阶段的主要输出地。同样地，全国经济发展对东部地区有着重要的依赖性。东部地区在制度、体制和科技方面积累了宝贵的经验，也扮演了推动和引领全国经济发展的角色。

中部地区的经济实力明显强大，可持续发展水平显著提高。自20世纪90年代以来，为了缩小地区发展之间的差距，国家陆续发布了一系列政策，如西部大开发、振兴东北老工业基地和促进中部崛起等。中部地区在逐步贯彻各项战略政策后，经济发展条件明显得到了提升。另外，中部地区的发展势头得到了进一步的增强，因为基础设施和社会服务设施的水平正在逐步缩小与东部沿海地区的差距。中部地区具备天然优势，包括要素成本低、资源丰富等，积极吸纳东部沿海地区的产业转移，推动工业化和城镇化进程，成为全国经济发展的重要新推动力。

西部地区发展战略已经取得显著成果，其经济总量达到一个新的高峰。国家在1999年制订了"西部大开发"战略。进入21世纪后，西部大开发战略进入快速发展阶段。政府加大了对西部地区的投资力度，特别是在基础设施建设、生态环境保护、教育和科技创新等方面。2010年，中国政府提出了"新西部大开发"的战略，旨在推动西部地区的经济转型和升级。这一阶段的重点是促进产业升级、推动内需、发展绿色经济和加强区域合作。2020年后，政府发布了《新时代西部大开发指导意见》，提出了一系列新的政策和措施，以推动西部地区的高质量发展。这一阶段的重点是推进新型城镇化、促进区域协调发展、推动绿色发展和加强开放合作。"十四五"规划要求增强西部大开发的推进措施，确保政策的准确性和实效性得到有效提升。深化一系列重要生态工程，同时启动针对重要地区的综合治理措施。积极参与"一带一路"倡议，加强开放通道建设，建立多层次的内陆开放平台。增加西部地区基础设施的投资力度，促进特色优势产业的发展，集中精力巩固摆脱贫困的成果，弥补教育、医疗卫生等民生领域的不足之处。积极促进成渝地区双城经济圈发展，努力打造一个具备全国影响力的重要经济中心、科技创新中心、改革开放新高地、高品质生活宜居地，同时也提升了关中平原城市群建设水平，加强了西北地区与西南地区的合作互动。我们赞成新疆建设国家"三基地一通道"，并支持西藏成为通往南亚的重要出口，推动西部地区400毫米降水线保护发展。尽管西部地区的发展水平仍有待提升，但其经济发展潜力已经初步呈现出来。

东北地区经济开始复苏。东北地区省份数量少，且该区域的地区生产总值尚未达到十万亿元的水平。自改革开放以来，东部沿海地区的经济得到了快速发展，然而相应的，东北地区的经济明显落后。自振兴东北战略实施以来，东北地区一直在积极尝试创新体制和机制，投入大量人力物力推进现代农业发展、恢复装备制造业的活力、实行国有企业改革和重组，并致力于促进产业结构调整和升级。近年来，振兴东北老工业基地战略稳步推进并取得了重要进展。在东北地区，改革和创新机制的步伐正在加快，对外开放的程度也随之显著提升。这种努力成效明显，不但带来了经济的持续复苏，也让地区的发展前景日渐向好。

2. 区域发展差距缩小，分化态势加大

中国各地的发展不平衡，自改革开放以来差距逐渐显现，并在后来逐步缩小。中国在改革开放初期制定了发展战略，其重点是先开发东部沿海地区。为了实现这一目标，多项优惠政策被制定并实施。由于该地区在工业和地理位置方面拥有良好条件，因此采用了开放式经济发展战略，促进东部沿海地区的先行发展。这导致东部与中西部地区的发展差距不断扩大。中国在1995年拟定了区域发展的具体战略，包括西部大开发、东北振兴、推动中部崛起以及东部率先发展。通过综合实施这些战略，建立了四大板块之间协调发展的模式。近年来，中国积极推动"一带一路"倡议、京津冀协同发展以及长江经济带战略，致力于促进区域间的协同合作和发展。由此，中国形成"四大板块"和"三大战略"的经济发展布局，并进行整体协调，从而大幅提升了区域经济的发展稳定性和可持续性。这使得各地经济增长速度和总量均得到显著提高。

随着时间的流逝，四大区域的经济总量和人均经济发展水平趋向平衡，但是同时也出现了明显的差异化现象。这种差异主要表现在四大区域之间、各个区域内部以及区域的南北方向上的分化。东部地区经济增长步伐渐趋缓慢，但产业转型升级步伐加快。近年来，中西部地区的经济增长速度逐渐加快，已超过东部地区。相对其他地区，东北地区的经济增长速度较缓慢。尽管中西部地区整体经济增长速度较快，但仍有一些省份的增长速度相对于东部地区的省份较低。就区域发展而言，可以看到南方地区的经济发展速度较快，而北方地区则相对疲软，经济增长的势头也呈现出南高北低的趋势。

3. 产业结构逐步优化升级

自改革开放以来，中国积极推行各种发展策略，并产生了显著成效，不仅使三次产业结构得到显著改善，也极大提升了产业竞争力和现代化水平。产生结构从"二一三"到"二三一"，再到"三二一"的演变，这种转变在中国经济中已经十分明显。四十多年间，随着经济总量的增长，服务业已逐渐地成为区域经济发展的主要支柱产业。

中国正处于经济结构升级的阶段，第一产业增长迅速，第二和第三产业则保持稳定增长。同时，三大产业内部配置结构逐渐优化，投入要素水平不断提高，产业组织模式不断创新，整个三大产业正在向产业链和价值链的中高端迈进。需求结构不断优化，消费成为促进经济增长的主要动力。

（三）城镇化进程不断演进

现今城市化呈现全球性发展趋势，标志着社会进入了一个以城市为主导的新时代。在接下来的40年里，全球城市化水平将达到70%。中国因庞大的人口规模和快速的经济增长正在迅速城市化，所以在这一城市化浪潮中成为领先者。

1. 城市群发展初具雏形

城市人口持续增长已经成为大势所趋。中国正在经历快速城市化的阶段，尽管近年来增速有所降低，但仍然保持相对较快的发展速度。

随着交通网络的发达和交通技术的不断提升，城市的边界不断扩张，同时城市与城市之间的通勤时间也在逐渐缩短。城市群经济体已经成为一种新的趋势，许多传统的大城市和小城市已经开始相互融合，形成一个新的经济生态系统。

2017年1月，国家发展和改革委员会发布了《中原城市群发展规划》，这意味着中原城市群已经被列为7个国家级城市群之一。2018年2月，国家发展和改革委员会颁布了《关中平原城市群发展规划》。在与北部湾城市群、呼包鄂榆等城市群竞争激烈的情况下，关中城市群成功跻身国家城市群的第八位。八个城市群具备经济和人口方面的优势，它们分别为：长三角城市群、珠三角城市群、京津冀城市群、长江中游城市群、哈长城市群、成渝城市群、中原城市群和关中城市群。2023年，我国城市群发展呈现出更加快速和稳健的态势，并将更加注重内部分工合作和协调发展，推动形成优势互补、分工合作、高效协同的城市发展格局。国家发展和改革委员会在2023年继续推进城市群规划的实施，加强城市群内部的协调发展。长三角城市群已经成为中国最大的城市群之一，并且继续保持快速发展态势。粤港澳大湾区建设取得进一步发展，将成为比肩纽约湾区、旧金山湾区和东京湾区等国际一流湾区的世界级城市群。成渝城市群已成为中国西部地区最为庞大的城市群之一，同时也正在加快步伐，建设成为国际一流的城市群。中原城市群继续保持稳健发展态势，将重点推进产业体系建设和交通枢纽建设，加强与关中平原等地区的联系。关中平原城市群继续保持发展活力，成为北方地区重要的经济增长极和创新驱动发展的重要引擎。呼包鄂榆城市群、北部湾城市群和哈长城市群等国家级城市群也在加速推进建设和发展，成为国家经济发展的重要支撑。

2. 中心城市的崛起

中国住房和城乡建设部在2005年颁布的《全国城镇体系规划》中，明确了建设国家中心城市的目标。随着时间的流逝，中心城市在全国城镇体系中变得越来越重要、越来越有影响力，因此，很多城市都竞相争取成为国家级中心城市。到目前为止，已经有北京、天津、上海、广州、重庆、成都、武汉、郑州和西安9个城市成为中心城市。多样性的特征在中心城市凸显，形成了网络化的格局，为巨型都市区和落后地区的发展提供了全方位的支持。

（四）深入实施创新驱动发展战略

根据改革开放的实践和经验，可以得出结论：实施创新驱动发展战略是最有效的推动区域经济发展的方式。在区域经济发展过程中，科技创新呈现出倍增效应，有助于提高区域经济增长的质量和效率。

1. 创新创业驱动取得重要进展

自党的十八大以来，中国始终重视供给侧结构性改革和五大发展理念，将其置于国家经济发展的核心地位。在政策的指引下，中国正积极促进区域经济的高质量发展，培育新的经济增长动力，并推动新产品和新技术的快速发展。此外，不断涌现出新的模式、服务和业态。随着工业机器人、集成电路、新能源汽车、光缆和高端智能手机等高科技产品的不断涌现和产业化，这些战略性新兴产业对经济增长的贡献比例也日益增加。除此之外，共享经济得到了快速发展，这些新型业态成功地激发了区域经济的成长潜力。创新示范区，如自由贸易实验区、国家级新区、综合配套改革实验区和自主创新示范区，为区域经济带来发展的新动力，并提供了新的平台。

2. 推进体制机制改革

中央通过先试先行的方法，在特定目标区域开展大量重要任务，以便探索新的路径并积累新的经验。要构建现代化区域经济体系的长效机制，还可以采取以下措施：为重要的地区、领域和环节创造适宜的新媒介和新平台，进行实践和探索，促进制度环境的形成，支持创新，鼓励突破和促进协调发展，以便在全局和区域的发展中发挥重要作用。我们秉持着推进改革和创新的理念，致力于建设一个试验性区域经济平台。通过建设创新实验平台等措施，为实施优惠政策提供更多机会，促进创新要素的不断汇聚。加强对财政、税收和金融等政策的定向引导，可为创新经济试验平台的发展提供强有力的支持。通过建设试验性平台，加速实现重大科技创新和重大科研项目的发展。进行具有创新性的探索性研究，确立新时代下区域经济的现代化体系并制订持久性机制。我们取得了积极的进展，这得益于我们在建立长期机制方面的努力，以实现现代化区域经济体系。我们着重于促进市场资源的开发和优化市场环境，同时促进政府调控与市场机制之间的良性互动。

3. 激发创业创新活力

自党的十八大以来，中央一直致力于推动自主创新，事实数据表明：市场竞争中的各主体纷纷展现出了创新和创业的活力，创新创业体系也在不断完善。

随着区域创新因素不断增加，为了满足区域经济高速增长的要求，新的创新体系正在蓬勃发展之中。首先，创新已经成为企业在市场上获取更多市场份额的主要竞争优势。其次，产学研合作协同创新的合作程度显著提升。实现科研成果市场化的关键，在于推动产学研合作和交流。为此，中央推出了一系列扶持政策，旨在促进产学研之间的合作。这些政策的实施促进了科研成果与市场之间的沟通，推动创新科技成果转化为新的经济增长动力，并取得了明显成效。再次，我们将积极促进科技创新中介服务平台的创建。现今,科技创新所需的中介服务体系已经发展成为一个多层次全方位的支持体系,包括技术孵化、科技咨询培训和投融资服务等方面。这个服务体系的不断发展壮大,有助于提高中国创新要素的整合能力和转化创新成果的效率。

4. 以科技创新带动区域经济发展

自从党的十八大以来,我们已经逐渐意识到,科技创新对于升级产业结构、改善产品供应结构和推动经济新动能的发展具有至关重要的作用。在区域经济中,科技创新已经成为最重要的竞争力源泉,对其发展具有根本性的推动作用。

科技创新在促进区域经济发展方面所起的引领作用主要源自:一是通过国家高新技术产业开发区所发挥的作用。这些开发区已经成为关键的平台,推动着区域的创新发展,同时也和国家创新城市以及自主创新示范区形成了互补、互通、互惠的发展关系。二是各地区针对科研的投资和研发支出得到进一步加强,不仅投入力度有所增加,研发支出规模也得到了相应的提升。同时,科技成果的转化能力也呈现出不断提高的趋势。三是在科技创新的催化作用下,区域内的产业结构得到了进一步改善,也增进了各产业之间的合作和分工。

5. 完善创新保障体系

为了推进区域经济的高质量发展,我们需要确立一套符合创新要求的制度体系,并提供满足创新型经济所需的所有要素。

改进创新环境的主要途径有:第一,从改革体制方面入手,充分利用市场在基础资源配置中的主导作用。第二,鼓励发掘创新潜力,创建有利于创新的文化环境。第三,我们需要进一步提升创新基础设施建设水平,尤其需要加快重要科技基础设施的建设。在此基础上,我们应特别关注前沿交叉学科研究的平台建设,并提供有力的支持。

(五)生态文明建设持续推进

1. 生态文明理念不断完善

自改革开放以来,为适应经济社会发展的不同阶段需求和生态环境的特征,党中央在生态环境的保护和建设方面积极探索实践。这些措施逐渐形成了具有中国特色的生态文明思想理论成果,各个时期的特征如下:

自1978年至1989年期间,是生态环境保护思想的萌芽阶段,中国在改革开放初期开始高度重视生态环境，并将环境保护作为基本国策之一，采取多种措施：重视保护森林资源，鼓励全民义务植树，并通过法律法规加以禁止乱砍滥伐行为。建议采用现代科技手段加强生态环境保护，如发展新型能源、应用环境治理技术以及推进"三废"综合利用等措施。在那段时期，中国产生了保护生态环境的基本思想和理念，但是还没有形成科学化的体系。

在1990至2000年这一时期，我们持续深化了以协调发展为核心的生态环境保护思想。随着我国经济和社会的蓬勃发展，生态环境问题日益尖锐，为此，中国提出了"可持续发展"的战略，以强化生态环境保护的理念。在考虑实施时，必须充分重视西部大开发对生态环境的负面影响，并且按照法律法规执行生态综合整治；重视以生态为重点的科技创新，建立资源节约型的经济发展模式；注重加强国际和区域层面的合作，共同致力于处理生态环境问题。

2001—2010年，在以科学发展观为指导的背景下，我们初步形成了生态文明理念。自进入新世纪以来，生态资源缺乏、环境污染和生态恶化等问题已经成为制约区域可持续发展的主要障碍。为了解决这些难题，我国提出了"人本思想"，并通过建立全面、协调和可持续的发展理念来促进经济、社会和人的全面发展。党的十七大报告中，首次提出生态文明建设，积极推动建立资源节约和环境友好型社会，从而初步确立了中国特色生态文明理念，并将生态环境保护思想体系化。在实际行动上，我们应当倡导环境立法，以此推动我国的生态文明建设。在此基础上，我们应该重视循环经济的发展，加强环保产业技术创新，以缓解生态环境压力，并加快经济增长方式的转型。

自2011年以来，我们的绿色发展理念已经进一步深化，变得更加注重生态文明建设。党的十八大以来，以习近平同志为核心的中央领导集体在阐述中国特色社会主义生态文明建设理念方面取得了令人瞩目的成就。在十九大报告中，首次提出了"绿水青山就是金山银山"的理念，这一理念探索了适合中国国情的生态文明建设模式，推动了生态环境保护科学理论体系的进一步完善。制订了为期三年的蓝天保卫战计划并将其付诸实施。构建可持续发展的产业体系，推动发展环保型战略性新兴产业和现代服务业。改进环境治理框架，确保多元利益相关者共同参与，并加强环保法律法规和保护机制。党的二十大报告强调：我们坚信保护生态环境就是走向繁荣富强的必由之路，因此要全面加强生态环境保护，实行山水林田湖草沙一体化保护和系统治理，推动绿色、循环、低碳发展，加大污染防治力度，进一步健全生态文明制度体系。这些努力已经取得了历史性、转折性、全局性的成果，我们的空气更加清新，山林更加茂密，水质更加清澈。

2. 区域环境治理成效显著

在改革开放之初，由于缺乏环保意识，各地区的生态环境状况有所恶化。随着可持续发展、科学发展观、生态文明等战略理念的指导，四个区域对于生态环境和污染防治有了更深刻的理解和认知。整体上，生态环境质量经历了一个先降低后逐步恢复的过程。治理方式从各省份各自为政发展到了跨地区的联防联控。此外，四个区域的环境治理实践也逐渐发展出了多元化的治理路径。具体来说，东部地区是我国经济改革开放的前沿区域，拥有丰富的资源优势。但是，在快速的工业化和城市化进程中，东部地区也面临着跨界流的环境污染问题，如秋冬雾霾、臭气、酸雨等，这些因素加剧了我国环境质量的恶化。我国东部地区曾面临生态环境质量下降的问题，不过我们采取了一些措施，如实施跨流域污染治理工程、应用新技术等，已经有效改善了生态环境的质量。

中部地区是重要的粮食主产地和能源原材料基地。然而，随着工业化的发展，环境污染问题越来越严重。粮食主产地受长江流域水污染与大气污染的影响日益加重，因此，当地政府采取了多项举措，包括优化产业布局、整顿散乱污企业、提高产业环境准入门槛、推广生态友好型农业和建立绿色产业体系，减少煤炭等主要能源的消耗。这些措施共同构成了一种生态治理的新模式。

由于西部地区的自然资源条件和地理条件受限，该地区的生态环境相对脆弱，因此生态环境恶化和水资源匮乏问题异常严重，这一问题对该地区的可持续发展产生了阻碍。对此，西部地区进行了一系列生态恢复项目，包括植树造林、开源节流、退耕还林还草等措施，使得该地区的生态环境质量整体得到了平稳的提升。

由于东北地区重工业的兴起，加重了该地区作为重要粮食主产地和装备制造业生产基地的资源消耗，导致"三废"污染进一步恶化。因此，该地区针对此问题实施了诸如"天保工程"盐碱地改造、退耕还林还草、湿地保护以及生态移民等生态建设和环境修护工程，从而有效提高了生态环境的质量。

（六）体制机制改革不断推进

自从中国开始实施区域经济协调发展战略以来，一直在进行制度和机制方面的改革与调整，旨在更好地推动该战略的有效落实。2018年11月，中共中央、国务院下发《关于建立更加有效的区域协调发展新机制的意见》，旨在推动区域协调发展的体制机制改革达到新的高度。根据"十四五"规划，我们需要加强以下方面，以促进区域协调发展：实施区域协调发展策略、建立更有效的机制、完善区域合作互助、优化利益补偿、完善基本公共服务均等化、创新政策调控并健全发展保障机制。

1. 区域经济联系推动区域战略统筹

中国越来越重视区域经济的协调发展，认识到不同地区之间的联系和相互依存关系，制订的政策也越来越倾向于促进区域经济的整合发展。战略的核心区分方式是以地理位置为基础的，如"西部大开发""东北振兴"和"中部崛起"。随后，中国将生态文明的理念纳入区域发展总体战略，并制订了划分主体功能区的计划，以此促进区域经济的协调发展。

党的十八大后，我国提出了以经济发展为核心的区域协同发展战略，其中包括了"京津冀协同发展战略""长江经济带发展战略"和"一带一路"倡议等。这些战略和倡议综合考虑了整个区域的资源分配方式、经济发展模式等方面，这样做有助于整合区域经济发展资源，明确发展方向，促进区域经济的互动和提升发展质量。党的十九大报告中强调了以城市群作为主体，以协调发展的方式构建大、中、小城市和小城镇的城镇布局，以加强不同地区之间的互通与联系。借助城市群建设，超越行政障碍，支持区域经济发展，促进地区经济协调发展。在二十大报告中强调，要依据城市群和都市圈构建一个大中小三级城市体系，促进各城市之间的协调发展，同时要以县城为主要建设城镇化的载体。

随着对区域整体情况的认知不断加深，区域经济协调发展机制也经历了从基于地理位置、基于功能到基于区域经济联系的转变。这种调整可以帮助我们更全面地计划区域的发展，充分利用区域内的各类经济资源，加强区域经济联系，从而提升整个区域的经济活力。

2. 扩大开放引领区域对外开放

中国改革开放所取得的巨大成就，部分得益于中国对外开放的政策和措施。深化改革开放必须进一步加强内陆地区的开放程度。2011年，中国首次开行了一条名为"重庆—杜伊斯堡"的中欧班列，这一举措为以铁路运输为基础的对外贸易提供了一条长期稳定的通道。2014年发布《关于依托黄金水道推动长江经济带发展的指导意见》指出，应在长江经济带沿海、沿江和边境地区打造新的对外开放优势，同时倡导建设陆海双向的对外开放通道。2022年党的二十大报告中，提出了支持"一带一路"高水平发展的倡议。提高区域开放格局，并巩固东部沿海地区的开放领先地位，同时加强中西部和东北地区的开放水平。加快推动西部陆海新通道的建设进程。加快推进海南自由贸易港的建设，实施自由贸易试验区升级战略，扩大全球高水平自由贸易区网络。在"一带一路"倡议的带动下，中国不仅扩大了城市间的铁路运输通道，以促进对外贸易，还利用了长江沿岸的内河贸易，实现了中国沿海和内陆的联动，形成了海陆统筹的对外开放格局。这种进步推动了中国各地共享提供给世界的开放机遇，促进了区域协调发展。

中国的开放程度不断提高，不仅限于地域范围的扩大。自2013年以来，上海自由贸易试验区在我国率先设立试验区，这一措施不仅有助于整合和优化过去的对外开放和贸易成果，还促进了金融业的进一步开放与创新，是推动全面深化对外开放的重要经验。接着，国务院核准福建、天津、广东、河南、湖北、重庆、四川、陕西以及海南等省（市）自由贸易实验区的方案。尤其值得一提的是，在中国中西部地区设立自由贸易区，这彰显了中国积极深入开放、更积极地参与全球化的态度。2022年，党的二十大报告指出，我们可以利用我国超大规模市场的独特优势，在国内加强循环经济，吸引全球资源和要素，从而促进国内和国际市场之间的相互作用，提升贸易投资合作的质量和水平。不断深化制度化开放，进一步加强开放措施中的规则、管理、标准等方面。推动升级优化货物贸易，探索创新服务贸易模式，加速数字贸易发展，积极推进贸易强国建设。

3. 政府管理改革激发区域市场经济活力

首先，政府正在积极推进改革，以改善政府治理方式，使其从管理型向服务型转变。2006年，党的十六届六中全会首次提出了"构建服务性政府，加强社会管理和公共服务职能"的倡议。自党的十八大以来，政府一直在积极推动改革措施，如反腐倡廉和创新的管理方式等，采取"简政放权"的管理方式，成功地降低了行政管理对市场经济的束缚。党的十九大报告强调，要转变政府的职责，强化简政放权，开展监管方式的创新，建设廉洁高效、受民众信赖的服务型政府。根据党的二十大报告所述，我们应当改变政府职能的形式，优化政府的职责范围和组织形式，进一步加快机构、职能、权限、程序和责任的法定化进程，以此来提升行政效率和公信力。

其次，为了促进区域协调发展，我们一直致力于推进不同地区之间的合作，消除行政壁垒，进一步加快实现区域经济一体化的进程。中国的京津冀、长江经济带和珠三角地区目前已经实现了海关通关一体化，这使得贸易更加便利，从而极大地促进了整个地区的发展。随着时间的推移，国家级新区和自由贸易试验区等经济特区在促进区域经济发展方面扮演的角色越来越关键。第一，在经济特区中，可以首先尝试更加创新的政府治理方式。第二，国家级新区已成为区域协调发展的重要支柱。许多国家级新区已经打破了原有的行政区划限制，这种做法使得优势要素和产业得以更加合理地分布，同时也与那些已经发展成熟的都市区形成了互补互通的关系，从而获得新的发展机遇。第三，建立更高级别的国家级新区，这可以帮助形成新的区域经济增长级。例如，雄安新区为京津冀协同发展奠定了一个全新的发展基础。

4. 财税制度改革提高区域经济协调水平

使用市场自然调节机制单独解决发展不平衡的难题是不切实际的。政府应当发挥再分配职能，而财政是政府主要的再分配工具。在实现区域经济协调发展方面，公共服务均等化是至关重要的。为了缩小地区间的发展差距，在财税制度改革中，我们需要重新调整中央政府和地方政府之间财权和事权的平衡，并适当地平衡和协调公共服务的提供。2018年，发布了《基本公共服务领域中央与地方共同财政事权和支出责任划分改革方案》，其中包括义务教育、基本就业服务、基本养老保险、基本医疗保障等共计18个项目的8大类，将这些项目的资金筹措和使用权划分为中央和地方的共同责任，并规定了具体的责任分担方式。这一新举措显示出财政事权和支出责任的界定取得了重要进展，从而有助于提高基本公共服务的平等化水平。2022年，财政部发布《财政部关于进一步推进地方财政事权和支出责任划分改革的指导意见》，目的是促进地方财政事权和支出责任的改革划分，以提高地方财政资金的使用效益。

为了实现区域经济协调发展，政府正在积极推进一系列相关措施，包括优化区域互助机制、完善区际利益补偿机制等。预计随着财税改革的不断推进，中央和地方政府将具备更多的力量来促进区域经济的协调发展。

第二节　中国区域经济发展转型的趋势展望

世界政治经济发展的新浪潮和科学技术革命的新突破，必将深刻影响我国区域经济发展的走势。[①]

一、区域经济发展转型的现实挑战

（一）区域发展不平衡

中国通过改变区域发展政策，实现了经济的全面发展，并消除了旧中国的积贫积弱现象。我国的区域经济发展曾经在低水平上存在很大差距，后来虽然迅速发展，但差距也随之变大。目前，我国不同地区之间经济发展的差异扩大速度已经减缓，但是东部沿海地区和中西部内陆地区的经济差距仍然很大。在发展的进程中，东部地区在很长一段时间里都保持着高速的经济增长，原因之一是吸纳了中、西部的劳动力资源和能源资源，这就导致了中西部地区在发展的进程中缺乏足够的生产要素，对其经济发展不利。尽管政府出台了中部崛起、西部大开发等区域发展战略，旨在弥补地区发展差距，但是仍难以解决区域发展不均衡、东西部发展差距大的问题，这是当前实现区域协调发展所面临的主要挑战。

（二）缺乏生态环境的协同治理

在中国经济长期的发展中，各个地区为了追求经济快速增长，往往会以破坏生态环境为代价。然而，由于国家对中西部地区的发展越来越重视，为了缩小与东部地区的经济差距，促进地方经济发展，纷纷将接纳东部地区的产业转移作为实现自身发展战略的重要战略。由于东部地区经济较为发达，且居民对环境的要求较高，为应对环保压力，东部地区加强了对高污染、高耗能企业的限制，于是这些企业不得不将生产流程迁移到环保标准较为宽松、能源资源较为丰富的中西部地区。

由于国家实行了西部大开发和中部崛起战略，导致了许多在东部发达地区运

[①] 刘秉镰，朱俊丰，周玉龙.中国区域经济理论演进与未来展望[J].管理世界，2020，36（02）：182-194+226.

营的高污染、高耗能企业纷纷转移至中西部地区。为了推动中西部地区的发展，不可避免地需要面对能源消耗增加及环境破坏等问题。因为我国地势西高东低，中西部地区位于东部发达地区的上游生态系统，所以中西部地区的生态环境遭到破坏后会通过"跨界污染"影响东部地区的环境，最终阻碍全国环境的整体改善。此外，由于各地政府都争先发展经济，区域环境政策并未考虑到污染的外部性，而且区域环保政策并未协同一致，生态治理政策效果受限，造成大量资源浪费。生态环境的损坏不仅对我们的生存环境造成了越来越严重的影响，还威胁到了我们的经济长期稳定发展，影响了产业的有效转型和升级，导致我们很难实现区域的持续、健康和高质量发展。

（三）开放水平差距较大

改革开放以来，国家的对外开放水平不断提升，但因为我国中西部地处内陆，地势复杂，在交通往来方面有着先天的劣势，再加上经济发展相对滞后，还面临着基础设施建设滞后、相关合作政策不健全、国际往来的通道不畅通等诸多问题，所以，中西部的对外开放水平与东部地区相比始终有很大的差距，而且差距还有继续拉大的趋势。

东部地区的对外经济合作水平不断提高，中部地区则呈现先升后降的趋势，西部地区则一直处于相对较低的水平。所以，在新的国际环境下，结合我国新时期的发展战略，如何加强与内地的合作，挖掘与更多的新兴市场及国家间的合作，是我国区域发展和国际经济合作的新机遇、新挑战。如何以更深层次的开放与合作推动中西部经济的长期、全面发展，也是新时代我国经济高质量发展所必须面对的重大课题。

（四）分工协作水平有待提高

自改革开放以来，我国东部地区凭借着得天独厚的地理位置和丰富资源，加上政府制订的经济特区和自由贸易区等措施，为其提供了历史性的机会，从而成功地实现了经济大跨越。长三角和珠三角地区一直以来是东部地区的代表，经济增长速度一直位于全国前列，经济实力在全国具有举足轻重的地位。在内陆与沿海地区长期的经济交往过程中，中西部地区为东部地区的经济发展提供了丰富的劳动力、原料等生产要素，同时也通过承接东部的产业转移推动了自身的工业化，进而推动了自己的经济发展。由于人才培养、制度建设等多种因素的差异,中西部地区与东部地区的经济发展并不同步,二者之间的发展差距也显著扩大,整体呈现出经济发展水平的趋异化现象。在区域经济发展的进程中,中西部地区经常复刻东部地区的发展模式,发展东部地区原有的产业,接收东部地区一些淘汰的产业以促进自身的经济发展。

东中西部产业发展中存在明显的"趋同化"特征是由于中西部地区过度复刻东部地区的产业发展模式,没有充分利用自己的比较优势,造成了国家在中西部地区投入的资源量较大,但中西部地区却在市场竞争中落后于东部地区的情形。另外,由于行政区划的隔离和政府官员的职业发展竞争,会存在一些问题,如区域经济的竞争和产业的趋同化倾向。各地区之间都将经济发展速度、生产总值等作为比较的指标,区域之间缺乏横向的生产分工与经济合作,这促进了经济发达地区的快速发展,但也使经济欠发达地区的发展变得越来越困难,同时也导致了大量的重复建设和资源浪费。这对于区域经济的持续、稳定和协调发展都是不利的,也会进一步影响到国家整体经济质量的提高。

二、区域经济发展转型的未来展望

实现中国经济高质量发展是必要的,其中协调发展应该贯穿于创新发展、绿色发展、开放发展以及共享发展等各个方面,以推动中国不同地区间的协调发展。推动地区之间的协同发展,必须要以创新发展为先导,各地区要结合自己的比较优势,因地制宜地创造出高质量发展的新动能;坚持"绿水青山就是金山银山",以绿色发展为根本原则,在促进经济发展时要注重对生态环境的保护,建设美好中国;以开放发展为起点,扩大沿海和内陆地区的对外开放水平,创造一个优良的新发展环境;将共享发展作为目标,减小各区域间经济发展差异,实现共同富裕,最终实现区域协调发展。

(一)因地制宜,创新发展

目前,为了实现经济的高质量发展,必须要进行新旧动能的转换。为了实现这一目标,需要在创新发展中融入协调发展的理念。同时,针对沿海和内陆地区的不同资源和经济状况,应该有针对性地培育各自的新型经济发展动力。西部开发、东北振兴、中部崛起、东部率先四大板块区域的布局，为我国区域协调发展打下了坚实的基础。应以此为指导思想，推动东、中、西部经济之间形成相互联系、互相促进、互补互赢的新格局，根据当地实际情况，发挥优势，弥补不足，促进我国各地区经济协同发展。

首先，对东部沿海较发达的区域来说，要继续扮演"龙头"的角色，充分利用其城市化程度高、技术实力强、资金充裕、交通便捷、开放程度高的优势，加快新技术的研究和开发，促进产业的升级，促进信息产业与绿色产业的发展，同时也要深入推进"走出去"战略，使自己更好地融入世界产业价值链中。

其次，在东部率先发展的同时，中西部地区应全力推进体制创新，促进传统产业升级，并积极培育经济发展的新生力量。一是要把重点放在加速推进内陆老工业基地的转型上，发挥本地区装备制造系统这一强大的基础，推动装备制造业的发展，通过市场化手段来加速经济结构的调整；二是要加速中西部农业的规模化、专业化和机械化发展，提升农业产业化的水准，旨在将中西部地区打造成为我国重要的粮食生产基地；三是要充分发挥中部崛起和西部大开发战略的政策优势，加快中西部内陆地区基础设施建设的完善。这样可以把中西部内陆地区打造成为我国重要的能源和原材料基地、现代装备制造和高技术产业基地以及综合交通运输枢纽；四是中西部内地在发展一、二产业的过程中，要通过增加对人力资本和科技研发的投资，不断提升自己的创新能力与技术水平，以达到促进产业转型升级的目的，建立起与沿海地区相适应的现代化产业体系。

再次，要实现区域协调发展，就需要推动沿海和内陆地区之间的合理分工，避免重复建设和资源浪费。在空间布局、产业发展、基础设施建设、资源开发、环境保护等多个层面上，全面促进区域之间的经济持续、稳定和协调发展，构建区域经济发展战略统筹机制，以加强各地区之间的横向经济联合和协调。一是要在国家重大区域发展战略的指导下，对地区的经济结构和空间结构进行调整，推动各地区之间的合作与分工；二是要协调发展，把发达地区的先进技术与欠发达地区丰富的劳动力、土地、能源等资源有机地结合起来，按照不同的地域特征，在生产的各个环节上进行产业链的优化配置，建立合作产业基地。

（二）经济发展与生态保护相协调

随着我国经济由高速增长向高质量发展转变，绿色发展既是环境保护的需要，也是目前发展高质量经济,实现长期可持续发展的有力保障。为此,我国在制订区域发展政策时,应注意协调好经济发展和生态环境的关系,以促进经济的高质量发展。

第一,推动传统产业的绿色转型。一是要加快传统产业转型,由粗放式经济转向集约型经济,发展绿色、低碳、可持续的循环经济;二是要发展绿色产业。相对于传统产业,绿色产业具有生产过程中对自然资源的投入较少、废物较少的特点,能够达到资源的回收利用,改善生态环境质量,因此,大力发展绿色产业,将会给内陆地区带来新的经济增长点;三是发展绿色技术,传统技术创新以提高生产效率和降低生产资源投入为重点,绿色技术创新侧重于降低环境污染,开发新能源,实现资源循环利用。

第二,应制订和完善相应的生态法律法规,以实现区域经济发展和生态环境保护之间的协调。一是关于"跨界污染"的问题,要建立跨地区跨流域的联合治理机制,加强对流域内环境污染企业的监督和监管,制订严格的生态环境准入标准,促进流域内和下游的生态环境保护合作;二是围绕"污染转移"的问题,按照区际公平、权责对等、试点先行、分步推进的思路,逐步健全多元化的横向生态补偿制度。

(三)扩大内陆地区的开放程度

根据沿海地区经济快速发展的案例,我们可以得出一个结论,那就是实现经济快速发展必须积极推进开放政策的实施。增加开放程度一方面可以获得发达地区尖端的生产技术和经验,吸引更多的人力和物质资本。另一方面,我们可以增加产品的销售渠道,同时提升生产能力。中国经济为了实现持续发展,需要在坚持沿海地区持续开放的基础上,充分利用我国内陆地区靠近中亚、欧洲的地缘优势,进一步深化内陆地区的开放程度。

"丝绸之路经济带"为内陆地区创造了一个全新的开放机遇,我们应该抓住这个机会,充分挖掘中国与广大新兴市场国家之间的互补互利潜力,进一步加强与这些国家和地区在经济贸易、基础设施等领域的合作。首先是加强内陆地区的交通基础设施建设,以克服由于交通不便造成的物流成本劣势。其次,内陆地区需要改变其发展观念,将区域发展的重点放在优化开放经济发展环境、完善区域开放经济发展上,以打造良好的开放环境,吸引更多投资、先进技术和高层次人才,加快发展步伐,缩小沿海和内陆之间的经济发展差距,实现区域的协调发展。

(四)缩小地区发展差距

为了促进区域协调发展,首先,我们需要同时推进多项国家重大战略,如黄河流域经济带的建设、京津冀协同发展、长江经济带的发展、粤港澳大湾区的建设以及长三角的一体化发展。同时,我们需要充分利用各地区的不同特点和发展优势,共同推进区域经济的协调发展。其次,我们需要促进东中西部地区基础设施的均衡发展,同时为中西部内陆地区提供更多的政策支持,加快其基础建设的投资,从而营造一个宜商宜居的环境。我们希望沿海发达地区和国外资本可以投资内陆地区,吸引高层次人才在中西部内陆地区创业。只有在这样的投资环境下,内陆地区才能得到充足的人力和物质资本,进而促进内陆经济的快速发展,最终实现内陆与沿海地区经济的协调发展和共享繁荣。最后,我们需要促进沿海和内陆地区公共服务的平等,将区域协调融入共享发展的维度中。我们需要实现东中西部地区人民在教育、医疗、卫生、支农、环境保护等公共服务领域的平等,以满足中西部地区人民群众对美好生活的需求。我们应该致力于加快内陆地区公共服务领域的发展,最终实现区域间协调共享发展,以完成共同富裕的目标。

参考文献

[1] 颜文杰，张茅，刘琪.新时代背景下区域经济发展与产业转移研究[M].长春：吉林出版集团股份有限公司，2021.

[2] 窦玉鹏.区域经济发展动力转换：从战略到政策[M].长春：吉林大学出版社，2021.

[3] 郭基伟.一带一路背景下区域经济发展创新研究[M].北京：北京燕山出版社，2022.

[4] 孙娟.社会学视角下的区域经济发展及其管理创新策略[M].北京：中国纺织出版社，2020.

[5] 张学芳.新常态下区域经济转型发展研究[M].天津：天津科学技术出版社，2017.

[6] 赵玉红.结构转型与区域经济发展[M].沈阳：东北大学出版社，2016.

[7] 安晓明.中国区域经济转型研究[M].北京：社会科学文献出版社，2016.

[8] 张国兴.资源型区域经济转型路径创新研究：基于生态视角[M].北京：中国社会科学出版社，2022.

[9] 刘秉镰.中国区域产业经济研究[M].北京：中国人民大学出版社，2020.

[10] 殷阿娜.中国开放型经济转型升级的战略、路径与对策研究[M].北京：新华出版社，2015.

[11] 任保平.新发展阶段我国区域经济高质量发展的理论逻辑、实践路径与政策转型[J].四川大学学报（哲学社会科学版），2023（03）：81-90+193.

[12] 王玲俐，赵博宇.浙江区域经济发展战略转型与政策创新[J].山西财经大学学报，2023，45（S1）：7-9.

[13] 刘慧子.区域经济一体化对国际贸易的影响研究[J].老字号品牌营销，2022（21）：63-65.

[14] 周雪瑛. 浅谈区域经济在宏观经济调控下的协调发展 [J]. 商讯，2022（24）：179-182.

[15] 尹秋蓓. 区域经济发展理论视域下人才资源本质探析 [J]. 经济研究导刊，2022（30）：122-124.

[16] 黄旭睿. 资源型区域经济转型——以山西省煤炭产业为例 [J]. 中小企业管理与科技（下旬刊），2021（12）：67-69.

[17] 黄佩仪. 科技创新与区域经济发展模式转型关系浅析 [J]. 中国产经，2021（16）：34-35.

[18] 任保平，朱晓萌. 新时代我国区域经济高质量发展转型和政策调整研究 [J]. 财经问题研究，2021（04）：3-10.

[19] 尚勇敏. 科技创新与区域经济发展模式转型关系综述 [J]. 国外社会科学前沿，2021（03）：91-99.

[20] 曹前满. 中国城镇化进程中区域经济板块融合与县域经济发展转型 [J]. 新疆社会科学，2019（01）：43-52.

[21] 王天娇. 我国数字经济对区域经济协调发展的影响研究 [D]. 太原：山西财经大学，2023.

[22] 褚志朝. 中国区域经济发展与共同富裕进程协调发展研究 [D]. 蚌埠：安徽财经大学，2023.

[23] 贺玉栋. 新中国成立以来中国共产党的区域经济发展战略思想研究 [D]. 石家庄：河北师范大学，2023.

[24] 崔格格. 外部性视角下集聚经济与城市网络对区域经济协调发展的影响研究 [D]. 太原：山西财经大学，2023.

[25] 邹傲义. 数字文化产业对区域经济一体化影响研究 [D]. 景德镇：景德镇陶瓷大学，2023.

[26] 孙栋. 科技人才集聚对区域经济高质量发展的影响研究 [D]. 黄石：湖北师范大学，2023.

[27] 王帆. 科技金融对区域经济增长的影响研究 [D]. 沈阳：辽宁大学，2023.

[28] 徐文琪. 绿色金融、科技创新和区域经济发展 [D]. 太原：山西财经大学，2023.

[29] 魏丽华. 中国劳动力流动对区域经济协调发展的影响研究 [D]. 兰州：兰州大学，2023.

[30] 张鹏. 环境信息披露下 FDI 对区域经济绿色转型升级的影响研究 [D]. 郑州：河南财经政法大学，2020.